reflexiones sobre
los Salmos

*revela el significado de
estos versos antiguos y preciados*

reflexiones sobre
los Salmos

C. S. Lewis

GRUPO NELSON
Desde 1798

© 2023 por Grupo Nelson

Publicado en Nashville, Tennessee, Estados Unidos de América.
Grupo Nelson es una marca registrada de Thomas Nelson.
Thomas Nelson es una marca registrada de HarperCollins Christian
Publishing, Inc.
www.gruponelson.com

Este título también está disponible en formato electrónico.

Título en inglés: *Reflections on The Psalms*
© 1958 por C. S. Lewis Pte. Ltd. Copyright renovado en 1986 por
Arthur Owen Barfield.
Publicado por HarperOne 2017.
Publicado originalmente en el Reino Unido en 1958 por Harcourt
Brace.

Traducción: *Alfredo Blanco*.
Adaptación del diseño al español: *Setelee*

ISBN: 978-1-40160-732-6
eBook: 978-1-40160-733-3

Número de control de la Biblioteca del Congreso: 2022951223

Impreso en Estados Unidos de América
23 24 25 26 27 LBC 5 4 3 2 1

*Para Austin
y Katharine Farrer*

CONTENIDO

INTRODUCCIÓN

ESTA NO ES una obra erudita. Yo no soy hebraísta, ni estudioso de la Biblia, ni especialista en Historia Antigua, ni arqueólogo. Escribo para legos sobre temas en los que también yo lo soy. Si fuera necesaria una excusa (y quizá lo sea) para escribir un libro así, la mía seria parecida a la siguiente. A menudo sucede que dos alumnos resuelven mejor entre ellos sus dificultades en las tareas de lo que puede hacerlo el maestro. Porque cuando uno le llevaba el problema al profesor, como todos recordamos, muchas veces él nos acababa explicando lo que ya sabíamos, nos cargaba con una enorme cantidad de información que no deseábamos y no nos solucionaba en absoluto aquello que no entendíamos. He presenciado esta situación desde ambos lados de la red; porque cuando, ya siendo maestro, intentaba responder las cuestiones que me planteaban mis alumnos, en ocasiones, después de un rato, veía instalarse en sus caras una expresión que me aseguraba que estaban sufriendo exactamente la misma frustración que experimentaba yo con mis propios profesores. El compañero es capaz de ayudarte mejor que el maestro porque sabe menos. La dificultad que queremos que nos explique es una que él acaba de afrontar. El experto, en cambio, tuvo que hacerlo hace tanto tiempo que ya se le ha olvidado. Y en estos momentos ve el tema desde una perspectiva tan distinta que no puede comprender qué es lo que le da problemas al alumno; ve otra docena de dificultades que son las que deberían estar preocupándole, pero que, en realidad, no lo están haciendo.

Por eso, en este libro, escribo de aficionado a aficionado, comentando las dificultades que me he encontrado, o los conocimientos que he adquirido, al leer el Libro de los Salmos, con la esperanza de que esto pueda, de algún modo, interesar, e incluso en ocasiones ayudar, a otros lectores inexpertos. Solo estoy «comparando apuntes», no pretendo instruir. A algunos puede parecerles que estoy usando los salmos simplemente como pinzas de las que colgar una serie de ensayos variados. Ignoro si habría hecho algún daño que hubiera escrito el libro de esa forma, y no podría quejarme si alguien decidiera leerlo así. Pero no lo he redactado de ese modo. Las reflexiones que contiene son aquellas a las que me llevaron al leerlos; unas veces, al disfrutar de ellos, otras, al encontrarme con cosas que en un principio no me agradaban.

El Libro de los Salmos lo escribieron muchos poetas y en muchas épocas diferentes. Creo que se calcula que algunos se remontan al reinado de David; y he oído que determinados estudiosos entienden que el salmo 18 (del que existe una versión ligeramente diferenciada en 2 Samuel 22) podría ser obra del propio David. Pero la mayoría de ellos son posteriores al «cautiverio», al que aquí deberíamos referirnos como la deportación a Babilonia. Y si bien en un trabajo de investigación, la cronología sería lo primero que debiéramos establecer, en un libro de este tipo no hace falta, ni puede, decirse mucho más al respecto.

Lo que sí debe contarse, sin embargo, es que los salmos son poemas, y poemas escritos para ser cantados: no eran tratados doctrinales ni sermones. Quienes hablan de leer la Biblia «como si fuera literatura» lo que en ocasiones quieren decir, en mi opinión, es que debe leerse sin atender a su tema principal; es como pedir que se lea a Burke[1] sin tener interés en la política, o *La Eneida* sin interés en Roma. A mi entender, la idea no tiene el menor sentido. Pero sí existe un sentido más sensato por el que la Biblia, que después de todo es literatura, no puede leerse sino como tal; y sus diversas partes como diferentes géneros literarios. Y muy especialmente los salmos, que deben leerse como poemas; como letras de canciones, con todas las licencias y todas las formalidades, las hipérboles, sus conexiones más emocionales que lógicas, propias de la poesía lírica. Si se quieren entender, deben leerse como poemas, del mismo modo que el francés debe leerse como francés y el inglés como inglés. De lo contrario, nos perderemos su contenido y creeremos ver en ellos lo que no contienen.

Su principal característica formal, el elemento más obvio de su modelo, es afortunadamente uno que

---

1. Edmund Burke (1729-1797), filósofo y político irlandés. [*N. del t.*].

sobrevive a las traducciones. La mayoría de los lectores se dará cuenta de que me refiero a lo que los eruditos denominan «paralelismo», es decir, la práctica de decir lo mismo dos veces con palabras diferentes. Un ejemplo perfecto es «El que mora en los cielos se reirá; el Señor se burlará de ellos» (2:4) o «Él hará que tu causa justa brille tanto como la luz clara; y que tus derechos luzcan como el sol de mediodía» (37:6). Si el lector no reconoce en esto un patrón, bien se encontrará metido en un buen lío (como les ocurrió a los antiguos predicadores) en su esfuerzo por extraer un significado distinto de cada medio versículo, bien le parecerá que el salmo es bastante tonto.

En realidad, es un ejemplo bastante puro de aquello que implica cualquier modelo, y, por tanto, cualquier arte. Ha habido quien ha definido el principio artístico como «hacer lo mismo de otro modo». Por eso, en un baile tradicional, uno da primero tres pasos y luego otros tres. Hace lo mismo. Pero los tres primeros pasos se dan hacia la derecha y los siguientes hacia la izquierda. Es decir, lo hace de otro modo. En un edificio puede haber un ala hacia un lado y otra hacia el contrario, pero que ambas tengan la misma forma. En música, el compositor puede decir ABC, después abc y luego $\alpha\beta\gamma$. Rimar consiste en unir dos sílabas que poseen el mismo sonido excepto por sus consonantes iniciales, que son distintas. El «paralelismo» es la forma hebrea característica de repetir lo mismo de otro modo, pero también aparece en la obra de muchos poetas de lengua inglesa: por ejemplo, en los versos de Marlowe:[2]

> *Truncada está la rama que debería haber crecido recta*
> *Y quemada la corona de laurel de Apolo.*

O en la forma infantilmente simple del villancico *Cherry Tree Carol*:

> *José era un anciano; un anciano era José.*

Por supuesto, en ocasiones, el paralelismo se oculta bajo la intención (así como en una pintura los equilibrios entre las masas pueden ser mucho más sutiles que una simetría perfecta). Claro que también pueden introducirse otros patrones más complejos, como en el salmo 119, o en el 107, con su estribillo. Pero aquí solo me estoy refiriendo a lo más obvio, al paralelismo en sí. Desde mi punto de vista, se trata bien de una maravillosa suerte, bien de una sabia disposición de Dios, el que la poesía que ha de verterse a todos los idiomas tenga como principal característica formal una que no desaparece (como sí lo hace la métrica) con la traducción.

Si nos agrada la poesía, disfrutaremos de este rasgo de los salmos. Incluso los cristianos que no lo hagan, sí lo respetarán; porque a nuestro Señor, embebido de la tradición poética de su pueblo, le encantaba usarlo. «Porque con el juicio con que juzgáis, seréis juzgados,

---

2. Christopher Marlowe (1564-1593), dramaturgo inglés. Los versos que aparecen citados pertenecen a su obra *Doctor Faustus*. [*N. del t.*].

y con la medida con que medís, os será medido» (Mt 7:2). La segunda parte del versículo no añade ninguna idea; simplemente repite, de forma distinta, la primera, «Pedid, y se os dará; buscad, y hallaréis; llamad, y se os abrirá» (7:7). Se da el consejo en la primera frase y se repite después dos veces a través de distintas imágenes. Podríamos, si queremos, ver en ello una intención exclusivamente práctica y didáctica: otorgándole esta expresión rítmica y repetitiva a verdades que merece la pena recordar infinitamente, Él las hizo casi imposibles de olvidar. Pero a mí me gusta sospechar que existen más motivos. Me parece apropiado, casi inevitable, que si la gran Imaginación que, en un principio, para su propio deleite y para el de hombres, ángeles y (en cierto modo) bestias, inventó y formó todo el mundo natural, se sometió a sí mismo a expresarse en lenguaje humano, dicho discurso fuera en ocasiones poesía. Porque la poesía también tiene algo de encarnación, de dar cuerpo a lo que hasta entonces era invisible e inaudible.

Creo, además, que no nos hará daño recordar que, al hacerse hombre, inclinó su cabeza bajo el dulce yugo de una herencia y un medio primitivos. Para hablar como los humanos, Él habría adoptado un estilo, aprendiéndolo, si no de otra persona (solo nos ocuparemos de Él), de su madre. «Que seamos salvados de nuestros enemigos y de las manos de aquellos que nos odian; para ejercer la piedad prometida a nuestros padres y para recordar esta alianza sagrada». En esta frase aparece el habitual paralelismo. (Pero, por cierto, ¿es este el único aspecto en el que podemos referirnos a su naturaleza humana diciendo «Cómo se nota que es hijo de su madre»? Porque en estas frases existe una intensidad, casi cercana al estilo de Débora, mezclada con la dulzura presente en el *Magníficat*,[3] y al que la mayoría de las *madonnas* pintadas hace muy poca justicia; pero existe en consonancia con la frecuente severidad de sus propias palabras. Estoy seguro de que la vida privada de la sagrada familia fue, en muchos sentidos, «afable» y «dulce», pero quizá no del modo en el que creen algunos escritores de himnos. Uno puede llegar a ver, en algunas ocasiones, una cierta mordacidad, pero no es más que lo que los habitantes de Jerusalén entendían como el duro dialecto del norte).

No he pretendido, por supuesto, «abarcar toda la asignatura», ni siquiera a mi ámbito de aficionado. He puesto énfasis, u omitido, en función de mis propios intereses. No diré nada de los largos salmos históricos, en parte porque para mí han significado menos y, en parte, porque me sugieren menos comentarios. Me referiré tan poco como pueda a la historia de los salmos como partes de diversos «servicios»; es un tema demasiado amplio y no soy la persona indicada. Y comenzaré con las características del Salterio que en principio provocan más rechazo. Hay personas de mi edad que sabrán por qué lo hago: nuestra generación fue educada para que no dejara nada en el plato; uno

---

3. Cántico que, según el Evangelio de Lucas (1:46-55), dirigió María al Señor en la visita a su prima Elisabet. [*N. del t.*].

de los principios más sólidos de la gastronomía de los colegios era despachar primero las cosas que nos daban asco y dejar lo exquisito para el final.

Principalmente, he trabajado a partir de la traducción que los anglicanos usan en su Libro de Oraciones; la de Coverdale.[4] Ni siquiera entre los antiguos traductores es el más preciso; y ni que decir tiene que cualquier estudioso moderno posee más conocimientos de hebreo en uno de sus meñiques que el pobre Coverdale en todo su cuerpo. Pero en cuanto a belleza, a poesía, él y san Jerónimo, el gran traductor latino, están por encima de cualquiera que yo conozca. En ocasiones he comprobado, y a veces corregido, su versión con la del doctor Moffatt.[5]

Finalmente, como pronto resultará evidente a cualquier lector, esto no es lo que suele llamarse una obra «de apología». No trato en absoluto de convencer de la verdad del cristianismo a los no creyentes. Me dirijo a aquellos que ya creen, o a aquellos que están preparados para «suspender su incredulidad» al leerme. Un hombre no puede estar siempre defendiendo la verdad; ha de existir también un tiempo para alimentarse de ella.

---

4. Miles Coverdale (1488-1568) editó la primera Biblia completa en inglés. Su traducción de Salmos es una de las más populares en la tradición anglosajona [*N. del t.*]. En esta edición hemos utilizado la Reina-Valera Revisada [*N. del e.*].

5. S. James Moffatt (1870-1944), historiador especializado en temas eclesiales y autor de una traducción al inglés de la Biblia muy usada. [*N. del t.*].

También he escrito como miembro de la Iglesia de Inglaterra, aunque he evitado cuestiones controvertidas siempre que he podido. En cierto momento, he tenido que explicar por qué difería sobre ciertas cosas tanto de los católicos romanos como de los fundamentalistas: espero no perder por ello la buena voluntad o las oraciones de ninguno de ellos. Tampoco es que lo tema. Según mi experiencia, la oposición más amarga nunca llega ni de ellos ni de ningún otro ferviente creyente, y casi nunca de los ateos, sino más bien de semicreyentes de todos los tipos. Hay algunos caballeros mayores, iluminados y progresistas de este tipo a quienes no hay cortesía que satisfaga y no hay modestia que desarme. Pero, a este respecto, me atrevo a decir que soy alguien mucho más pesado que nadie que yo conozca. (¿Tal vez en el purgatorio veamos nuestras caras y oigamos nuestras voces como eran en realidad?).

«EL JUICIO» EN LOS SALMOS

SI EXISTE ALGÚN pensamiento con el que tiemble cualquier cristiano es el del «juicio» divino. El «día» del juicio es «ese día de ira, ese día terrible». Oramos para que el Señor nos libre «de la hora de la muerte y del día del juicio». El arte y la literatura cristianos han reflejado durante siglos estos temores. Este aspecto de la cristiandad se remonta a las propias enseñanzas de nuestro Señor; especialmente a la terrible parábola de la oveja y las cabras. Esta historia no dejará sin remover la conciencia de nadie, porque en ella las «cabras» se condenan por sus pecados de omisión; como si intentaran convencernos de que la carga más pesada que lleva cada uno de nosotros no depende de nuestros actos, sino de las cosas que no hicimos (y quizá nunca soñamos hacer).

Por eso me sorprendió bastante la primera vez que me di cuenta de cómo hablan los redactores de los salmos sobre los juicios de Dios. Lo hacen así: «Alégrense y gócense las naciones, porque juzgas los pueblos con equidad» (67:4); «Regocíjese el campo, y todo lo que en él está; todos los árboles del bosque rebosen de contento, delante de Jehová que ya llega; ya viene a juzgar la tierra» (96:12-13). El juicio es aparentemente una ocasión de regocijo universal. La gente lo solicita:

«Júzgame conforme a tu justicia, Jehová Dios mío» (35:24).

El motivo queda claro muy pronto. Los antiguos judíos, al igual que nosotros, se imaginaban el juicio de Dios como un tribunal de justicia terrenal. La diferencia es que un cristiano dibuja el caso como un juicio penal con él en el banquillo; y un judío, como un juicio civil con él como demandante. Uno confía en la absolución, o más bien en el perdón; el otro, en un triunfo rotundo con una fuerte indemnización. De ahí que en sus oraciones diga «hazme justicia» o «defiende mi causa» (35:23). Y aunque, como dije hace un momento, nuestro Señor adoptó en la parábola de la oveja y las cabras la característica representación cristiana, en otros lugares Él se comporta al modo típicamente judío. Adviértase, por ejemplo, lo que Él quiere decir con «un juez injusto». Con dichas palabras, la mayoría de nosotros nos referiríamos a alguien como el juez Jeffreys[1] o como aquellos que formaron parte de la judicatura alemana durante el régimen nazi: alguien que intimida a los testigos y a los jurados con el fin de condenar, para después castigar despiadadamente, a hombres inocentes. Una vez más, estamos pensando en un juicio penal. Esperamos no tener que sentarnos nunca en el banquillo ante un juez así. Pero el juez injusto de la parábola es un personaje muy distinto. No hay ningún peligro de tener que ir a este juicio contra nuestra voluntad; de hecho,

---

1. George Jeffreys (1645-1689), juez británico conocido por sus severos castigos. [*N. del t.*].

lo difícil es justo lo contrario: tener acceso a él. Se trata claramente de un juicio civil. A la pobre viuda (Lc 18:1-5) le ha quitado su diminuta franja de tierra —con espacio para una pocilga o un gallinero— un vecino más rico y poderoso (hoy en día se trataría de urbanistas o cualquier otra «institución»). Pero ella sabe que el suyo es un caso a toda prueba. Si tan solo pudiera presentarse ante el tribunal y que juzgaran su caso con leyes terrenales, seguro que se le devolvería su propiedad. Pero nadie la escucha, no puede ni intentarlo. No es de extrañar que ansíe un «juicio».

Debajo de todo esto descansa una experiencia antiquísima y universal que se nos ha ahorrado. En la mayoría de los lugares y épocas ha sido muy difícil que se escuchara el caso del «pequeño». El juez (y, sin duda, uno o dos de sus subordinados) ha de ser sobornado. Si uno no puede permitirse «untarle la mano», su caso nunca llegará ante el tribunal. Nuestros jueces no aceptan sobornos. (Nosotros probablemente demos por supuesta esta bendición; pero no permanecerá con nosotros de forma automática). Por eso no debemos extrañarnos si los salmos, y los profetas, hablan con añoranza del «juicio» y ven el anuncio de su venida como una buena noticia. Cientos, miles de personas a las que se ha despojado de todas sus posesiones y que tienen la razón enteramente de su parte serán por fin escuchadas. Está claro que no tienen miedo al juicio. Saben que su caso es incontestable, tan solo con que tenga lugar. Cuando venga Dios a juzgar, por fin se hará.

Docenas de pasajes lo dejan claro. En el salmo 9 se nos dice que Dios «juzgará al mundo con justicia» (v. 8), y que eso se debe a que Él «se acordó de los afligidos» (v. 12). Él es «defensor de viudas» (68:5). El buen rey del salmo 72:2 «juzgará» a la gente con justicia; es decir, «salvará a los hijos del menesteroso». Cuando Dios se levantó a juzgar fue «para salvar a todos los humildes de la tierra» (76:9), a los tímidos, a los indefensos cuyos agravios no han sido aún corregidos. Cuando Dios acusa a los jueces terrenales de juzgar injustamente, insiste además exigiéndoles que hagan «justicia al afligido y al menesteroso» (82:2-3).

El juez «justo» es principalmente aquel que repara un daño en un juicio civil. Sin duda, también juzgaría un caso penal de forma justa, pero casi nunca es a eso a lo que se refieren los autores de los salmos. Los cristianos le rogamos a Dios clemencia en vez de pedirle justicia; ellos le pedían justicia en vez de injusticia. El Juez divino es quien los defiende, quien los salva. Los estudiosos me cuentan que en el Libro de los Jueces la palabra que así traducimos también podría trasladarse como «paladín, defensor»; porque aunque estos «jueces» en ocasiones realizan lo que podríamos llamar funciones judiciales, muchos de ellos están más preocupados por rescatar a los oprimidos israelitas de los filisteos y otros pueblos por la fuerza de las armas. Se parecen más a *Jack Matagigantes* que a un juez moderno con peluca. Por tanto, los héroes de las novelas de caballería que salen a rescatar a afligidas damiselas y viudas de las manos de gigantes y otros tiranos están actuando casi como «jueces» en el antiguo sentido hebreo: así lo hace también el moderno abogado (y los he conocido de este tipo) que trabaja sin cobrar para salvar a clientes pobres de algún agravio.

Creo que existen muy buenas razones para considerar la imagen cristiana del juicio divino como mucho más profunda y segura para nuestras almas que la judía. Pero esto no significa que la concepción judía deba descartarse por las buenas. En mi opinión, al menos, puede sacarse mucho provecho de ella.

Complementa a la imagen cristiana de un modo importante. Porque lo que nos inquieta de la idea cristiana es la pureza infinita del nivel de exigencia respecto al que se juzgarán nuestras acciones. Y es que nos damos cuenta de que ninguno de nosotros alcanzará nunca ese nivel. Todos estamos en el mismo barco. Todos debemos confiar nuestras esperanzas a la clemencia de Dios y a la obra de Cristo, y no a nuestra propia bondad. En cambio, la imagen judía de una acción civil nos recuerda claramente que quizá seamos imperfectos no solo en comparación con el nivel de exigencia divino (lo que se da por sentado), sino también con respecto al nivel de exigencia humano que admitiría cualquier persona razonable y que nosotros mismos desearíamos imponer a otros. Casi con total seguridad habrá demandas insatisfechas, reclamaciones humanas, contra cada uno de nosotros. Porque ¿quién puede creer realmente que en todas sus relaciones, con sus jefes y empleados, con su marido o esposa, con sus padres o hijos, ya se trate de discusiones o relaciones amistosas, haya mantenido siempre honradez y justicia (por no hablar de caridad o generosidad)? Está claro que nos olvidamos de la mayoría del daño que hemos infligido. Pero las partes heridas no lo olvidan, ni aunque lo hayan perdonado. Y Dios no lo olvida. Además, simplemente con lo que nosotros podemos recordar ya tendríamos una cantidad suficiente. Pocos de nosotros hemos dado todo lo que se merecían a nuestros alumnos, pacientes, clientes (o como quiera que llamemos a nuestros «consumidores» particulares), todo aquello por lo que nos han pagado. No siempre hemos cumplido con nuestra parte en un trabajo pesado si encontrábamos a un colega o compañero al que pudiéramos persuadir para que se hiciera cargo de la parte más dura.

Nuestras peleas nos ofrecen un ejemplo perfecto del modo en que difieren las concepciones cristiana y judía, aunque deberíamos tener presentes ambas. Como cristianos, debemos arrepentirnos, por supuesto, de todo el enojo, malicia y obstinación que permitió a dicha discusión, por nuestra culpa, convertirse en una pelea. Pero también puede plantearse la pregunta de una manera mucho más básica: «Supuesta ya la pelea (algo que analizaremos más tarde), ¿luchamos en buena lid?». ¿O falseamos toda la situación no sin darnos cuenta? ¿Fingimos enfadarnos por algo cuando sabíamos, o podíamos haber sabido, que nuestro enfado tenía una causa diferente y mucho menos defendible? ¿Fingimos que se hubieran «herido» nuestros sensibles y delicados sentimientos (naturalezas finas como la nuestra son tan vulnerables...) cuando nuestro verdadero problema era la envidia, la vanidad insatisfecha, o una frustrada obstinación? Tácticas como esa tienen éxito con frecuencia. Las otras partes acaban rindiéndose. Y se rinden no porque no sepan realmente lo que nos pasa, sino porque lo saben demasiado bien desde hace tiempo; como saben que ese perro dormido puede despertarse, que ese esqueleto puede salir de su ataúd, acarreando el coste de hacer peligrar la relación entera. Necesita una cirugía que saben que nunca afrontaremos. Y así ganamos; haciendo trampas. Pero la injusticia se siente muy dentro. De hecho, lo que habitualmente llamamos «sensibilidad» es el motor más poderoso de la tiranía doméstica, una tiranía que a veces dura toda una vida. Cómo deberíamos tratarla, de reconocerla en otros, no lo sé; pero no deberíamos tener piedad en cuanto aparezca en nosotros mismos.

En principio, puede parecer que las continuas protestas en los salmos contra aquellos que oprimen a «los pobres» tienen menos aplicación en nuestra propia sociedad que en otras. Pero quizá ese sea un enfoque superficial; quizá lo que cambie no sea la opresión, sino la identidad de «los pobres». A menudo sucede que alguno de mis conocidos recibe una reclamación de impuestos que él pone en duda. Como resultado de su protesta, a veces le ha vuelto a llegar reducida en un cincuenta por ciento. Alguien a quien conocí, un abogado, fue directamente a la oficina y preguntó allí qué pretendían con la reclamación inicial. La persona que estaba detrás del mostrador sonrió de forma nerviosa y contestó: «Bueno, no hace ningún daño intentarlo». Y es cierto que, cuando se intenta hacer trampa a gente de mundo, que sabe cómo cuidar de sí misma, no se produce gran daño. Se ha perdido algo de tiempo y todos nosotros, de alguna forma, compartimos la desgracia de pertenecer a una comunidad en la que se toleran dichas prácticas, pero eso es todo. Sin embargo, cuando ese tipo de recaudador envía una petición igual de deshonesta a una viuda pobre, que ya pasaba bastantes necesidades por tener que vivir de una pensión «no contributiva» (en realidad obtenida a cambio de años de negación de sí misma en favor de su marido) y que la inflación ha reducido a prácticamente nada, las consecuencias son con toda probabilidad muy distintas. Ella no se puede permitir consejo legal; no entiende nada; está aterrorizada y paga —recortando los gastos de comidas y calefacción, que ya eran muy deficientes—. El recaudador que ha tenido éxito «al intentarlo» con ella es precisamente «el impío» que «con arrogancia [...] persigue al pobre» (10:2). Para asegurarse, lo hace, no como el publicano de la antigüedad, para sacar su propia tajada, sino para ascender a los ojos de sus superiores o agraciarles. Y esto constituye una diferencia. Aunque ignoro la importancia que tiene esta diferencia a los ojos de Él, que venga al huérfano y la viuda. El recaudador tal vez se lo plantee en la hora de su muerte y conozca la respuesta el día del «juicio». (Pero, quién sabe, tal vez yo esté tratando a los publicanos injustamente. Quizá ellos entiendan su trabajo como si se tratara de un deporte en el que deben observarse las reglas del juego; y al igual que otros deportistas no dispararían sobre una presa fácil, tal vez ellos reserven sus reclamaciones ilegales para aquellos que puedan defenderse y devolver el golpe y nunca sueñen con «intentarlo» con los desvalidos. Si esto es así, lo único que puedo hacer es pedir disculpas por mi error. Pero si lo que he dicho es injusto como reprimenda de lo que son, aun así será útil como advertencia de lo que pueden llegar a ser. La falsedad crea dependencia).

En cualquier caso, se advertirá que dispongo de la concepción judía de un juicio civil en beneficio de mi cristianismo, me represento a mí mismo como el abogado defensor, y no como el fiscal. Los escritores de los salmos no hacen lo mismo. Ellos anhelan «el juicio» porque creen que se ha cometido una injusticia con ellos y confían en que su agravio se repare. De hecho, existen algunos pasajes en los que los salmistas se acercan a la humildad cristiana y sabiamente pierden su autoconfianza. Por eso, en el salmo 50 (uno de los mejores) Dios es quien acusa (vv. 6-21); y en 143:2 encontramos las palabras que la mayoría de los cristianos repite a menudo: «Y no entres en juicio con tu siervo; porque no se justificará delante de ti ningún ser humano». Pero son casos excepcionales. El salmista casi siempre es el fiscal indignado.

Él parece estar bastante seguro de que sus manos están limpias. Nunca les ha hecho a otros las cosas horribles que otros le hacen a él. «Si hice tal cosa», si en alguna ocasión me he portado de esta u otra manera, entonces permite que «huelle en tierra mi vida» (7:3-5). Pero, claro, no lo he hecho. No es que mis enemigos me estén devolviendo cualquier mal que les haya hecho. Al contrario, me «devuelven mal por bien». E incluso a pesar de ello, he seguido comportándome con la máxima caridad hacia ellos. Cuando eran ellos quienes padecían, humillaba el vigor con el ayuno y en mi seno repetía mi plegaria por ellos (35:12-14).

Todo esto, por supuesto, encierra un peligro espiritual. Conduce a esa prisión, tan típicamente judía, de la convicción de superioridad moral que nuestro Señor reprendió con tanta frecuencia. Valoraremos eso enseguida. De momento, sin embargo, creo que es importante marcar una distinción: entre la convicción de tener razón y la de que uno sea «recto», un buen hombre. Como ninguno de nosotros es recto, la segunda convicción siempre es una vana ilusión. Pero cualquiera de nosotros, probablemente todos en uno u otro momento, puede tener razón sobre algún asunto concreto. Lo que es más, el peor de los hombres puede tener más razón que el mejor. Sus personalidades no tienen nada que ver con ello. La cuestión sobre si el lápiz en disputa es de Tommy o de Charles difiere bastante de aquella que plantea quién es mejor chico, y los padres que permitan que una de las respuestas influya en la otra serían injustos. (Sería todavía peor si dijeran que Tommy debería dar a Charles el lápiz, ya le perteneciera o no, porque esto mostraría su buena disposición. Quizá sea cierto, pero se trataría de una verdad prematura. Una exhortación a la caridad no debe constituir una recomendación para rehusar la justicia). Por eso no debemos, de ninguna manera, asumir que los redactores de los salmos se engañan o nos mienten cuando afirman que, al igual que sus enemigos en determinados momentos, tienen toda la razón. Sus voces al decirlo pueden hacernos daño al oído y sugerirnos que no son gente afable. Pero ese es otro tema. Y tratar con injusticia a alguien no suele volverlo amigable.

Pero, claro, la fatal confusión entre tener razón y ser recto pronto cae sobre ellos. En el salmo 7, que ya he citado con anterioridad, vemos la transición. En los versículos 3 a 5 el poeta simplemente tiene razón; al llegar al versículo 8 ya dice: «Júzgame, oh Jehová, conforme a mi justicia, y conforme a mi integridad». En muchos de los salmos existe una equivocación aún peor: la de confundir el deseo de justicia y el de venganza. Estos importantes temas deberán tratarse por separado. Solo podremos atender a los salmos que se ocupan de la rectitud mucho más tarde; los salmos vengativos, las maldiciones, esos los podemos ver ahora mismo. Estos son los que han hecho del Libro de los Salmos uno, en su mayoría.

LAS MALDICIONES

EN ALGUNOS DE los salmos, el espíritu de odio que nos golpea en la cara es como el calor que sale de la boca de un horno. En otros, el mismo espíritu deja de ser aterrador y se vuelve (para una mente moderna) casi cómico por su ingenuidad.

Ejemplos de lo primero pueden encontrarse por todo el Salterio, pero tal vez el peor sea el presente en el salmo 109. El poeta ruega para que un impío juzgue a su enemigo y que «Satanás» esté a su diestra (v. 6). Esto probablemente no signifique lo que un lector cristiano entienda hoy de forma natural. Aquí, «Satanás» es un acusador, quizá un informante. Cuando el enemigo sea juzgado, «salga culpable; y su oración le sea tenida por pecado» (v. 7). Una vez más, no hace referencia, en mi opinión, a las oraciones a Dios, sino a sus apelaciones a un juez humano, que ya se encargarán de hacerle la vida imposible (y dobla la frase porque él había rogado que se redujera a la mitad). Que sus días sean cortos y otro ocupe su cargo (v. 8). Que cuando muera vayan sus hijos errantes mendigando (v. 10). Que busque en vano a alguien que le tenga compasión (v. 12). Que el Señor tenga memoria de las culpas de sus padres (v. 14). Incluso más endiablado en un versículo es el, por otra parte bello, salmo 137, donde se pronuncia una bendición contra quienquiera que agarre a un bebé de Babilonia y le rompa la cara contra el suelo (v. 9). Y encontramos el refinamiento de la malicia en 69:22: «Que se convierta su mesa en una trampa, y sus banquetes festivos, en tropiezo».

Es inquietante que los ejemplos con los que (al menos, en mi opinión) no podemos evitar sonreír tengan lugar en los salmos que más nos gustan: en el 143, después de desarrollarse durante once versículos una tensión que nos lleva al llanto, se añade en el duodécimo, como si fuera una última ocurrencia: «Y por tu misericordia exterminarás a mis enemigos». Incluso con más ingenuidad, casi de forma infantil, en el salmo 139, en medio de un himno de alabanza se lanza (v. 19): «¡Ah, si matases al malvado!», como si se sorprendiera de que un remedio tan simple para los males humanos no se le hubiera ocurrido al Todopoderoso. Y lo peor de todo lo encontramos en «El buen pastor» (Sal 23); tras los verdes pastos, las aguas de reposo, después de la confianza segura por los valles sombríos, de repente nos topamos con: «Aderezarás mesa delante de mí en presencia de mis adversarios» (v. 5), o, según la traducción del doctor Moffatt: «Tú eres mi anfitrión, preparas un banquete para mí que mis enemigos habrán de observar». El gozo del poeta respecto a su actual prosperidad no será completo hasta que sus horribles enemigos (que solían mirarle por encima del hombro) no estén obligados a presenciarlo todo y odiarle por ello. Tal vez eso no sea tan diabólico como los pasajes que he citado anteriormente; pero su mezquindad y vulgaridad, especialmente en tales ambientes, es difícil de soportar.

Una forma de tratar con estos terribles o (¿nos atreveremos a decirlo?) despreciables salmos es sencillamente dejarlos a un lado. Pero, por desgracia, las partes malas no siempre «se diferencian claramente»; quizá, como hemos advertido, estén entrelazadas con los versículos más exquisitos. Y si aún seguimos creyendo que «toda Escritura es [...] útil para enseñar» o que el inmemorial uso del Libro de los Salmos en el culto cristiano no era enteramente contrario a la voluntad de Dios, y si recordamos que la mente y la palabra de nuestro Señor eran realmente complejas en el Salterio, preferiremos, si es posible, hacer uso de ellos. ¿Y qué uso puede hacerse?

Parte de esta pregunta no podrá responderse hasta que no nos detengamos a considerar el sujeto de la alegoría. De momento, solo puedo describir, confiando en que pueda ayudar a otros, el uso que he llegado, involuntaria y gradualmente, a hacer yo mismo de ellos.

Al principio estaba seguro, y aún lo estoy, de que no debemos ni intentar explicarlos ni ceder ante la idea de que, como está en la Biblia, todo este odio vengativo ha de ser de algún modo bueno y pío. Debemos afrontar ambos hechos como es debido. El odio está ahí —enconado, regodeado, sin disfraz— y también nosotros caeremos en la maldad si de algún modo lo condonamos o aprobamos, o (peor aún) lo usamos para justificar pasiones similares en nosotros. Solo después de que hayamos admitido ambas cosas podremos proceder con seguridad.

Lo primero que me ayudó —es una experiencia común— me vino desde un enfoque que no parecía tener nada que ver con la religión. Advertí que estas maldiciones eran de algún modo extremadamente interesantes. Porque en ellas se podía ver un sentimiento que todos conocemos demasiado bien: el resentimiento; expresado en perfecta libertad, sin disfraz, sin inhibición, sin vergüenza, como tan solo los niños lo mostrarían hoy día. Por supuesto, no pensé en que esto se debiera a que los antiguos hebreos carecieran de convenciones o contención. Las culturas orientales de la antigüedad eran en muchos sentidos más convencionales, más ceremoniosas y más corteses que la nuestra. Pero su compostura aparecía en ocasiones distintas. El odio no necesitaba disfrazarse para preservar el decoro social o para ocultar el miedo a que nadie los acusara de neuróticos. De ahí que lo encontremos en su condición más «salvaje» o natural.

Tal vez se podría haber esperado que esto hubiera dirigido mi atención, de forma inmediata y útil, a analizar la presencia del mismo odio en mi interior. Y, sin duda, ese sería un muy buen uso que podríamos hacer de este tipo de salmos. Por cierto, los odios contra los que luchamos en nuestro interior no sueñan con venganzas tan terribles. Vivimos —al menos en algunos países— en una época más suave. Estos poetas habitaban un mundo de castigos salvajes, de masacres y violencia, de sacrificios sangrientos en todos los países, y humanos en muchos de ellos. Y por supuesto, además, nosotros somos mucho más sutiles que ellos a la hora de ocultar nuestra mala voluntad tanto al prójimo como a nosotros mismos. «Bueno —decimos—, vivirá para arrepentirse de ello», como si estuviéramos meramente, incluso a nuestro pesar, prediciendo; no advirtiendo, y, desde luego, no admitiendo, que lo que predecimos nos da una cierta satisfacción. Apegándonos aún más a la tendencia de los salmistas de rumiar y rumiar nuestras heridas, de darle vueltas, a modo de autotortura, a cada circunstancia que las agravan, la mayoría de nosotros podremos reconocer que se trata de algo que llevamos bien dentro. Después de todo, somos hermanos de sangre de estos hombres feroces, autocompasivos y bárbaros.

Ese podría ser, como digo, un buen uso de las maldiciones. Sin embargo, se me había ocurrido otra cosa antes. Me dio la impresión de que, al ver cómo mostraban un odio sin disimulo, también veía el resultado natural de herir a un ser humano. La palabra «natural» tiene importancia en este caso. Este resultado puede ser borrado por la gracia, suprimido por la prudencia o las convenciones sociales, y (lo que es peligroso) completamente disfrazado por el autoengaño. Pero al igual que el resultado natural de lanzar una cerilla encendida a una pila de virutas es producir un fuego —aunque la humedad o la intervención de alguien sensato pueda evitarlo—, el resultado natural de engañar a un hombre, o de «mantenerlo a raya» o desatenderlo, es provocar resentimiento; es decir, imponerle la tentación de convertirse en lo que los redactores de los salmos eran cuando escribieron los pasajes vengativos. Puede que logre resistir la tentación; o puede que no. Si no lo consigue, si fallece espiritualmente debido al odio que siente por mí, ¿cómo voy a mantenerme yo, que he provocado ese odio? Porque además de la herida inicial le he infligido una mucho peor. Le he introducido en su vida interior algo que, en el mejor de los casos, será una nueva tentación y, en el peor, un nuevo gran defecto. Si ese defecto le corrompe completamente, le habré pervertido o seducido. Yo habré sido quien le haya tentado.

No sirve de nada hablar de perdonar como si estuviéramos ante algo sencillo. Todos conocemos ese viejo chiste: «Tú has dejado de fumar una vez; yo lo he conseguido docenas de veces». Del mismo modo yo podría decir de alguien: «¿Que si le he perdonado por lo que me hizo aquella vez? Le he perdonado más veces de las que soy capaz de recordar». Pues entendemos que debemos perdonar una y otra vez. Perdonamos, nos mortificamos con resentimiento; una semana después alguna asociación de ideas nos lleva de vuelta a la ofensa original y descubrimos el viejo resentimiento disparándonos a discreción como si no nos hubiéramos ocupado de él nunca. Necesitamos perdonar a nuestro hermano setenta veces siete, pero no por cuatrocientas noventa ofensas, sino por una sola. Por eso digo que el hombre en el que estoy pensando ha introducido una tentación nueva y compleja en un alma en la que el demonio ya había colocado muchas. Y lo que me ha hecho a mí, sin duda se lo he devuelto yo a otros; yo, que he sido excepcionalmente bendecido al permitírseme un modo de vida en el que, al tener poco poder, he tenido pocas oportunidades de oprimir y amargar a otros. Que nos permitan a todos los que nunca hemos sido rectores de colegio, militares de poco rango, maestros de escuela, matronas de hospital, celadores de prisión, o siquiera jueces de paz, agradecerlo de todo corazón.

Es monstruosamente ingenuo leer las maldiciones del Libro de los Salmos sin sentir nada más que el horror y la falta de caridad de los poetas. Es verdad que son diabólicos. Pero también debemos pensar en quienes los hicieron ser así. Sus odios son la reacción a algo; son los típicos comportamientos que, por alguna ley natural, provocan crueldad e injusticia. Esto, entre otras cosas, es lo que significa obrar mal. Si despojamos a un hombre de su libertad o de sus bienes, tal vez le hayamos quitado su inocencia, y puede que incluso su humanidad. Pero no todas las víctimas se limitan a suicidarse como Mr. Pilgrim;[1] algunas siguen viviendo para odiar.

Después me vino a la cabeza otro pensamiento que me condujo en una dirección inesperada y al principio desagradable. La reacción de los salmistas de herir, a pesar de ser profundamente natural, es profundamente equivocada. Uno puede tratar de excusarla sobre la base de que no eran cristianos y no sabían comportarse

---

1. Personaje creado por Emily Hilda Young (1880-1949) para su novela *Miss Mole*. [*N. del t.*].

mejor. Pero existen dos razones por las que esta defensa, aunque nos lleve a algún sitio, no nos hará llegar lejos.

La primera es que dentro del judaísmo ya existía el correctivo a esta reacción natural. «No aborrecerás a tu hermano en tu corazón [...] No te vengarás, ni guardarás rencor a los hijos de tu pueblo, sino amarás a tu prójimo como a ti mismo», dice Levítico (19:17-18). En Éxodo leemos: «Si ves el asno del que te aborrece caído debajo de su carga [...] le ayudarás a levantarlo» y «Si encuentras el buey de tu enemigo o su asno extraviado, vuelve a llevárselo» (23:4-5). «Cuando caiga tu enemigo, no te regocijes, y cuando tropiece, no se alegre tu corazón» (Pr 24:17). Y nunca olvidaré mi sorpresa cuando descubrí que las palabras de san Pablo: «Si el que te aborrece tiene hambre, dale de comer pan», etcétera, es una cita literal de este mismo libro (Pr 25:21). Pero esa es una de las recompensas de leer el Antiguo Testamento con frecuencia. Que uno sigue descubriendo una y otra vez cómo el Nuevo Testamento es una trama de citas de este; con qué frecuencia nuestro Señor repitió, reforzó, continuó, refinó y sublimó la ética judía y en qué pocas ocasiones introdujo una novedad. Esto ya era bien conocido —casi axiomático— para millones de cristianos incultos cuando leer la Biblia era algo habitual. Hoy en día parece estar tan olvidado que la gente cree haber desacreditado de alguna forma a nuestro Señor si es capaz de demostrar que un documento anterior al cristianismo (o lo que ellos consideran anterior al cristianismo), como los Manuscritos del mar Muerto, se ha «adelantado» a Él. ¡Como si estuviéramos tratando con un chapuzas, un Nietzsche, que inventara nuevas éticas! Todo buen profesor, tanto dentro como fuera del judaísmo, se le ha anticipado. Toda la historia religiosa del mundo precristiano, en su mejor sentido, se le adelanta. Como no podía ser de otra forma. La Luz que ha iluminado a cada hombre desde el comienzo puede lucir más fuerte, pero no puede cambiar. El origen no puede de repente empezar a ser, en la acepción más popular del término, «original».

La segunda razón es más inquietante. Si pretendemos excusar a los poetas de los salmos basándonos en que no eran cristianos, deberíamos ser capaces de decir lo mismo, y con más motivo, respecto de los autores paganos. Quizá si conociera más literatura pagana, yo podría hacerlo. Pero, con lo que he leído (un poco de la griega, algo de la latina, y apenas nada de las antiguas sagas noruegas), no estoy seguro de ello. Puedo encontrar en ellos lascivia, mucha insensibilidad brutal y obviamente frías crueldades, pero no esta furia ni este lujo de odios. Me refiero, por supuesto, a las situaciones en las que los autores hablan de sí mismos; los discursos puestos en boca de personajes enfadados en una obra son otra cosa. La primera impresión que le asalta a uno es que los judíos eran mucho más vengativos y virulentos que los paganos.

Si no fuéramos cristianos, desecharíamos esto con la antigua burla: «¡Qué raro que Dios escogiera a los judíos!». Pero eso resulta imposible para nosotros, que creemos que Dios escogió a esa raza como vehículo de su propia encarnación, y que estamos más en deuda con Israel de lo que podremos pagar nunca.

Porque nosotros, donde encontramos una dificultad, siempre esperamos que nos aguarde un descubrimiento. Allá donde vemos algo oculto, confiamos en que exista una aventura. Y esta dificultad en particular merece la pena explorarla.

Parece existir una regla general en el universo moral que podría formularse como «Cuanto más alto esté, en mayor peligro se encontrará». Ese «hombre medio, sensualmente hablando», que a veces es infiel a su esposa, en ocasiones bebe de más, siempre es un poco egoísta, de vez en cuando (siempre dentro de la ley) demuestra astucia en sus tratos, es ciertamente, según los estándares habituales, un tipo «más bajo» que aquel cuya alma se llena con una gran causa, a la que subordinará sus apetencias, su fortuna e incluso su seguridad. Pero en realidad es del segundo tipo de persona de quien podemos esperar algo diabólico: del inquisidor, del miembro del Comité de Salud Pública. Son los grandes hombres, los potenciales santos, y no los hombres pequeños, los que se convierten en fanáticos sin piedad. Aquellos preparados para morir por una causa pueden convertirse fácilmente en gente preparada para matar por ella. Es posible comprobar la existencia del mismo principio en el trabajo, en un campo tan poco importante (comparativamente) como la crítica literaria; la obra más brutal, la más hiriente y odiada por todos los otros críticos y casi todos los autores, puede llegar del crítico más honesto y desinteresado, de aquel que se preocupa con más pasión y menor egoísmo por la literatura. Cuanto más altas sean las apuestas, mayor será la tentación de perder los estribos en este juego. No debemos sobrevalorar la relativa inocuidad de la gente pequeña, sensual, frívola. Porque no está por encima, sino por debajo de algunas tentaciones.

Que a mí nunca me haya tentado, y no podría imaginar que lo hiciera, el juego no quiere decir que yo sea mejor que aquellos a los que sí les ocurra. Pues la timidez y el pesimismo que me eximen de esa tentación me mueven a su vez a apartarme de esos riesgos y aventuras que todo hombre debería tomar. Del mismo modo, no podemos estar seguros de que la ausencia comparativa de afán de venganza en los paganos, aunque sea algo bueno en sí mismo, sea un buen síntoma. De ello me di cuenta durante un viaje nocturno a principios de la Segunda Guerra Mundial en un compartimento lleno de jóvenes soldados. La conversación que mantenían me dejó claro que no se creían nada de todo lo que leían en los periódicos acerca de las terribles crueldades del régimen nazi. Daban por hecho, sin argumentación ninguna, que todo eran mentiras, que todo era propaganda de nuestro propio gobierno para «levantarle el ánimo» a nuestras tropas. Y lo terrible era que, pensando así, no expresaban el más mínimo enfado. Que nuestros gobernantes atribuyeran falsamente los peores crímenes a sus colegas para inducir a otros hombres a derramar su sangre les parecía algo lógico. Ni siquiera les interesaba particularmente. No veían nada malo en ello. Y en ese momento me pareció que el más violento de los salmistas —o cualquier niño gritando «¡No es justo!»— encerraba más esperanza que estos jóvenes. Si ellos hubieran percibido, y sentido como cualquier hombre debe sentir, la diabólica maldad que pensaban que estaban cometiendo nuestros gobernantes, y los hubieran perdonado, habrían sido santos. Pero al no darse cuenta en absoluto —y ni siquiera haber sido tentados por el resentimiento— y aceptarlo como lo más normal del mundo, respondían a una aterradora insensibilidad. Está claro que estos jóvenes no tenían concepción del bien o del mal (y mucho menos en ese tema en concreto).

Por eso la ausencia de enojo, especialmente de ese tipo de enfado que solemos llamar «indignación», puede, en mi opinión, ser un síntoma de lo más alarmante. Y la presencia de dicha indignación puede ser un buen signo. Incluso cuando esa indignación pase a ser un amargo afán de venganza personal, este seguirá siendo un buen síntoma, aunque sea malo en sí mismo. Es un pecado; pero al menos muestra que aquellos que lo cometen no se han hundido por debajo del nivel en el que existe la tentación a ese pecado; del mismo modo que los pecados (con frecuencia terribles) del gran patriota o del gran reformador le indican algo en su interior que va más allá de sí mismo. Si los judíos maldecían con más amargura que los paganos, en mi opinión esto se debía, al menos en parte, a que se

tomaban la razón y la equivocación con mayor serie-
dad. Porque, si atendemos a sus lamentos, encontra-
remos que con frecuencia su enfado no se debe solo
a que se les hayan hecho determinadas cosas, sino a
que estas son manifiestamente injustas, y le resulta-
rían tan dignas de odio a Dios como a la víctima. La
idea del «Dios recto» —que seguramente odie estas
cosas tanto como ellos, y que, por tanto, seguramente
deba «juzgarlas» o vengarlas (¡aunque se retrase
tanto!)— siempre está ahí, aunque sea en segundo
plano. En ocasiones salta al primer plano, como en
Salmos 58:10-11: «Se alegrará el justo cuando vea
que se hace justicia [...]. Entonces dirán los hombres
[...] ciertamente hay un Dios que juzga en la tierra».
Estamos ante algo distinto del mero enfado sin indig-
nación, de la rabia casi animal de ver que el enemigo
de un hombre le ha hecho a él lo que este habría he-
cho a su enemigo si hubiera sido lo suficientemente
fuerte o rápido.

Es un síntoma diferente, más elevado, mejor; pero
también conduce a un pecado más terrible. Porque
anima al hombre a pensar que sus peores pasiones
son santas. Le lleva a añadir, explícita o implícita-
mente, «Así lo dice el Señor» a la expresión de sus
propias emociones o incluso de sus propias opi-
niones; como hacen de forma tan terrible Carlyle[2]
y Kipling,[3] y algunos políticos, e incluso, a su manera,
algunos críticos modernos. (Es esto, por cierto, más

---

2. Thomas Carlyle (1795-1881), historiador escocés. [*N. del t.*]
3. Rudyard Kipling (1865-1936), escritor británico. [*N. del t.*]

que los vacuos «juramentos profanos» lo que deberíamos considerar: «tomar el nombre de Dios en vano». Aquel que dice «¡Maldita silla!» no desea realmente que a dicho objeto se le encomiende un alma inmortal y luego esta sea destinada a la condena eterna). Porque aquí también se cumple «Cuanto más alto esté, en mayor peligro se encontrará». Los judíos pecaban en este asunto peor que los paganos no porque se alejaran más de Dios, sino porque estaban más cerca de Él. Para el Sobrenatural, entrar en un alma humana le abre a esta nuevas posibilidades de realizar tanto el bien como el mal. Desde ese punto se separan los caminos: uno hacia la santidad, el amor, la humildad; otro, a la soberbia espiritual, al fariseísmo, al celo. Si el llamado del Señor no nos hace mejores, nos empeorará mucho. De todos los hombres malvados, aquellos entre los religiosos son los peores. De todos los seres creados, el más perverso es aquel que originalmente estuvo en la inmediata presencia de Dios. No parece haber forma de escapar de ello. Y esto le otorga un nuevo significado a aquellas palabras de nuestro Señor referidas a «calcular el precio».

Porque aún podemos ver, en la peor de sus maldiciones, cómo estos poetas estaban, en algún sentido, cerca de Dios. Aunque distorsionada por el instrumento humano, parte de la voz divina se deja oír en estos pasajes. No la posibilidad de que Dios mire a sus enemigos como lo hacen ellos, esperemos: «Él no desea la muerte del pecador». Pero, sin duda, Él sí muestra hacia el pecado de estos enemigos la implacable hostilidad con la que se expresan los poetas. ¿Implacable? Sí, no con el pecador, sino con el pecado. No será tolerado ni condonado, no será objeto de ningún trato. Si pretendemos salvar al hombre, ese diente ha de ser extraído, esa mano derecha ha de ser amputada. En ese sentido, la falta de piedad de los salmistas está mucho más cerca de un extremo de la verdad que muchas actitudes modernas, que aquellos que las mantienen pueden confundir con caridad cristiana. Por ejemplo, está mucho más cerca de ella que la completa indiferencia moral de los jóvenes soldados. Está más cerca que la tolerancia seudocientífica que reduce toda la maldad a neurosis (aunque, por supuesto, alguna aparente maldad lo sea). Incluso contiene una veta de sensatez, ausente en la anciana que presidía un juicio de menores que —yo mismo pude oírlo— les dijo a unos gamberros, a los que se juzgaba por un robo bien planeado (habían vendido el botín y alguno contaba ya con antecedentes penales), que era su deber, realmente era su deber dejar de lado «esas bromas tontas». Contra todo esto, las partes más feroces de los salmos sirven como recordatorio de que en el mundo existe la maldad y de que esta (si no quienes la perpetran) resulta digna de odio a los ojos de Dios. En ese sentido, con todo lo peligrosa que la distorsión humana puede ser, Sus palabras también pueden resonar a través de estos pasajes.

Pero ¿podernos, además de aprender de estos terribles salmos, usarlos en nuestra vida de devoción? Creo que sí; pero dejemos ese tema para un capítulo posterior.

LA MUERTE EN LOS SALMOS

SIGUIENDO MI POLÍTICA de ocuparme primero de lo menos atractivo, ahora debería tratar el fariseísmo que aparece en muchos salmos. Pero no podremos debatir ese tema adecuadamente hasta habernos ocupado antes de otras materias. Así que me detendré primero en un tema muy distinto.

Nuestros antepasados parece que leyeron el Libro de los Salmos y el resto del Antiguo Testamento con la convicción de que sus autores los escribieron bajo un perfecto entendimiento de la teología cristiana; y que la principal diferencia es que la encarnación, que para nosotros es algo histórico, era para ellos una predicción. En concreto, pocas veces dudaban de que los autores antiguos, al igual que nosotros, se preocuparan de la vida después de la muerte, tuvieran miedo a la condenación y confiaran en la gloria eterna.

En nuestro devocionario anglicano, y probablemente en muchos otros, algunos pasajes transmiten esta impresión de forma casi irresistible. Por eso, en Salmos 17:14, leemos sobre hombres malvados que poseen «su porción [...] en esta vida». El lector cristiano entiende inevitablemente en ello (como obviamente también lo hizo Coverdale, el traductor) el contraste que señala nuestro Señor entre el hombre rico, lleno de bienes terrenales, y Lázaro, cuyos bienes le llegaron después de esta vida; es la misma comparación implícita en Lucas 6:24: «Pero ¡ay de vosotros los ricos!, porque habéis recibido vuestro consuelo». Pero los traductores modernos no encuentran nada de esto en el hebreo actual. En realidad, este pasaje es tan solo una de las maldiciones a las que nos referíamos en el capítulo previo. En Salmos 17:13 el poeta pide en oración a Dios que «postre» (o «golpee», en la versión del doctor Moffatt) a los impíos; y en el versículo 14, se le ocurre simplemente un modo de refinar su deseo. Que se acabe con ellos, sí, pero que primero se les permita poseer «su porción en esta vida». Es decir, que se los mate, pero que primero se les haga pasarlo mal mientras están vivos.

De nuevo, en Salmos 49, encontramos: «Ninguno de ellos podrá en manera alguna redimir al hermano [...]. Porque el rescate de su vida es demasiado caro, y nunca le bastará» (vv. 7-8). ¿Quién no asociaría esto a la labor redentora de Cristo? Ningún hombre puede «salvar» el alma de otro. El precio de la salvación es tal que solo el Hijo de Dios puede pagarlo; o como dice el himno, no había nadie más «tan bueno como para pagar el precio». La mera redacción de nuestra versión refuerza el efecto: el verbo «redimir», que (salvo en su acepción de saldar, para el prestamista) se usa ya solo en su sentido teológico, y el verbo «costar» en pasado, en la traducción inglesa. No «cuesta», en presente, sino «costó» más, una vez y para siempre, en el Calvario. Pero aparentemente el poeta hebreo quiso decir algo muy distinto y bastante más cotidiano. Intentó transmitir simplemente que la muerte es algo inevitable. O como traduce el doctor Moffatt: «Ni uno de ellos es capaz de pagar a Dios rescate por sí mismo; es tan elevado el precio que nunca lo lograría».

Llegados a este punto, puedo imaginar que un admirador del Libro de los Salmos exclamará: «Bueno, ya se preocuparán los eruditos y los traductores modernos... Yo no voy a permitir que me estropeen la Biblia. Pero sí déjenme, al menos, plantear dos preguntas: (I) ¿No nos estamos pasando de buscar coincidencias al pensar que, no una sino dos veces en el mismo libro, son meros accidentes (malas traducciones, manuscritos deficientes, o cualquier otra cosa) lo que ha imitado con tanto éxito el lenguaje de la cristiandad? (II) ¿Quiere decirse con ello que las antiguas interpretaciones que siempre hemos dado a estos versículos han de desecharse?». Consideraré ambas cuestiones en un capítulo posterior. De momento, diré tan solo que, a la segunda pregunta, mi respuesta personal es un rotundo «no». Vuelvo a lo que yo considero que son los hechos.

Parece bastante claro que en la mayoría de los libros del Antiguo Testamento la creencia en la vida futura es escasa o nula; en realidad, no hay ninguna fe en que sea de importancia religiosa alguna. La palabra que en nuestra versión traducimos como «alma» significa simplemente «vida»; la que trasladamos como «infierno» significa llanamente «la tierra de los muertos», el lugar de los difuntos, ya sean buenos o malos, el Seol.

Es difícil saber lo que un judío de la época pensaba del Seol. No le gustaba pensar en ello. Su religión no le animaba a hacerlo. Nada bueno podía extraerse de algo así. Malo, quizá sí. Era una condición a partir de la cual se creía que los malvados, como la adivina de Endor, podían conjurar a un fantasma. Pero este espectro tampoco decía nada del Seol; solo se le llamaba para que contara algo de nuestro mundo. Y, además, si uno se permitía cultivar un insano interés en el Seol, caería en la trampa de las formas cercanas al paganismo y comería «los sacrificios de los muertos» (Sal 106:28).

Detrás de todo esto uno puede distinguir una concepción no específicamente judía, sino bastante común en muchas religiones antiguas. El Hades griego es el ejemplo más familiar para la gente de nuestra época. El Hades no es ni el cielo ni el infierno; casi no es nada. Me refiero a su forma de verse en las creencias populares; por supuesto que filósofos como Platón tienen una doctrina vívida y positiva sobre la inmortalidad. Y claro que los poetas escriben fantasías sobre el mundo de los muertos. Pero a menudo estas no tienen más que ver con las verdaderas religiones paganas que lo que las fantasías que podemos escribir sobre otros planetas tienen que ver con la auténtica astronomía. En las auténticas creencias paganas, apenas merecía la pena hablar del Hades; era un mundo de sombras, de decadencia. Homero (probablemente mucho más cercano a las creencias actuales que poetas posteriores y más sofisticados) describe a los espíritus como estúpidos. Farfullan sin sentido hasta que un mortal les da a beber la sangre de su sacrificio. Lo que pensaban los griegos de ello se muestra de forma asombrosa en el comienzo de la *Ilíada* cuando al hablar de los hombres muertos en batalla se dice que «sus almas» fueron al Hades, pero que «los hombres en sí mismos» fueron devorados por perros y aves carroñeras. Es el cuerpo, incluso el cuerpo muerto, lo que es el hombre en sí mismo; el espíritu es solo una especie de reflejo o eco. (Un denodado impulso me ha hecho preguntarme si todo esto era, es, de verdad real; que el destino natural de la humanidad, el destino de la humanidad irredenta, es solo eso: desintegrarse tanto en cuerpo como en alma, ser un estúpido sedimento psíquico. Si eso es así, la idea de Homero de que solo beber la sangre del sacrificio puede devolver al espíritu la racionalidad sería una de las más impactantes entre las muchas anticipaciones paganas de la verdad).

Una concepción así, vaga y marginal incluso en el paganismo, lo es aún más en el judaísmo. El Seol aparece todavía con menos fuerza, más lejos en el horizonte, que el Hades. Está a miles de kilómetros del centro de la religión judía, especialmente en los salmos. En ella se habla del Seol (o del «infierno», o del «abismo») de forma parecida a como habla de la «muerte» o de la «tumba» un hombre que no tiene fe alguna en ningún tipo de estado futuro, un hombre

43

para quien los muertos son simplemente muertos, nada, y no hay más que decir de ellos.

En muchos pasajes esto queda muy claro, incluso siguiendo nuestra traducción, para todo lector atento. El caso más meridiano de todos se encuentra en Salmos 89:47: «Recuerda cuán breve es mi tiempo; ¿habrás creado en vano a todo hijo de hombre?». Al final, ninguno de nosotros será nada. Por eso «como una sombra que pasa es el hombre» (39:6). Los sabios y los tontos comparten el mismo destino (49:10). Una vez muerto, un hombre ya no rinde más culto a Dios: «¿Te alabará el polvo?» (30:9); «Porque en la muerte no queda recuerdo de ti» (6:5). La muerte es «la tierra» donde todas las cosas, y no solo las mundanas, quedan olvidadas (88:12). Cuando un hombre muere, «perecen sus proyectos» (146:4). Todo hombre «Irá a reunirse con sus antepasados, que nunca más verán la luz» (49:19): se adentrará en una oscuridad sin fin.

En otras partes, lo admito, parece que el poeta estuviera rogando por la «salvación de su alma» en el sentido cristiano. Casi seguro que no es lo que hace. En Salmos 30:3: «hiciste subir mi alma del Seol» quiere decir «Me has salvado de la muerte». «Me rodearon ligaduras de muerte, me alcanzaron las angustias del Seol» (116:3) significa «La muerte intentaba ponerme trampas, sentí la angustia de un moribundo», o como nosotros diríamos, «Me vi a las puertas de la muerte».

Como todos sabemos por nuestro Nuevo Testamento, el judaísmo ha cambiado mucho a este respecto en la era de nuestro Señor. Los saduceos se aferraban al antiguo punto de vista. Los fariseos, y aparentemente muchos otros, creían en la llegada de la vida eterna. Cuándo, en qué etapas y (siempre bajo la mirada de Dios) de qué fuentes se deslizó esta nueva creencia no es parte del tema que actualmente nos atañe. Me preocupa más intentar entender la ausencia de una creencia así, en medio de un profundo sentimiento religioso, durante la época primitiva. A algunos les resultará asombroso que Dios, habiendo revelado tanto de sí mismo a su pueblo, no les hubiera enseñado esto.

A mí no me sorprende. Por un lado, hubo naciones cercanas a los judíos cuya religión estaba abrumadoramente preocupada por la vida después de la muerte. Al leer sobre el antiguo Egipto a uno le queda la impresión de que era una cultura en la que lo principal en la vida era asegurar el bienestar de los muertos. Parece como si Dios no quisiera que el pueblo elegido siguiera el ejemplo. Preguntémonos por qué. ¿Es posible que los seres humanos estuvieran demasiado preocupados con su destino eterno? En cierto sentido, aunque suene paradójico, yo respondería que sí.

A decir verdad, a mí me parece que la felicidad o la miseria en la otra vida, por sí mismas, no son en absoluto temas propios de la religión. Un hombre que cree en ellas tendrá, por supuesto, la prudencia de buscar una y evitar la otra. Pero eso no parece tener más que ver con la religión que cuidar nuestra salud o ahorrar dinero para nuestra vejez. La única diferencia entre ambas es que las apuestas son mucho más altas. Y eso significa que, dando por supuesta una convicción auténtica y firme, las esperanzas y ansiedades provocadas son abrumadoras. Pero eso no quiere decir que sean religiosas. Dios no está en el centro. Él sigue siendo importante, aunque solo en favor de otras cosas. De hecho, una creencia así puede existir sin creer en Dios en absoluto. A los budistas les preocupa lo que les sucederá después de la muerte, pero no son, en puridad, teístas.

Por eso, es muy posible que cuando Dios comenzó a revelarse a los hombres, a mostrarles que Él y nada más debía ser su verdadera meta y la satisfacción de sus necesidades y que Él tendría derecho sobre ellos simplemente por el hecho de ser quien es, al margen de lo que pudiera otorgarles o negarles, puede que fuera absolutamente necesario que su revelación no comenzara con el más mínimo rastro de beatitud o perdición. No son esos los puntos correctos de los que partir. Una efectiva creencia en ellos, si llega demasiado pronto, puede volver casi imposible el (llamémoslo así) apetito por Dios; las esperanzas y miedos personales, obviamente excitantes, van primero. Más tarde, cuando, tras siglos de entrenamiento espiritual, los hombres hayan aprendido a desear y adorar a Dios, a suspirar por Él «como el ciervo», será otra historia. Porque, entonces, aquellos que amen a Dios desearán no solo disfrutar de Él, sino «hacerlo eternamente», y temerán perderle. Y es por esa puerta por la que pueden entrar una esperanza del cielo y un temor al infierno verdaderamente religiosos; como corolarios a una fe ya centrada en Dios, no como asuntos de un peso independiente o intrínseco. Es incluso discutible que el momento en el que el «cielo» deje de significar la unión con Dios y el infierno la separación de Él, la creencia en cualquiera de ellos no sea una superstición maliciosa; porque entonces tendremos, por una parte, una creencia meramente compensatoria (una «secuela» a la triste historia de la vida, en la que todo «acabará bien») y, por otra, una pesadilla que lleve a los hombres a los psiquiátricos o los convierta en perseguidores.

Afortunadamente, gracias a la providencia divina, una creencia fuerte y firme como esa, en la que nos busquemos a nosotros mismos por debajo de la religión, es en extremo difícil de mantener, y quizá resulte accesible solo a aquellos que son ligeramente neuróticos. La mayoría de nosotros entiende que nuestra creencia en la vida futura es fuerte solo cuando Dios está en el centro de nuestros pensamientos; ya que si intentamos usar la esperanza del cielo como una compensación (incluso para aliviar la tristeza más inocente y natural, como puede ser la pérdida de un ser querido), esta se desmorona. En estos términos, puede mantenerse solo con arduos esfuerzos de imaginación controlada; y en nuestro interior somos conscientes de que la imaginación es nuestra. Por lo que respecta al infierno, siempre me han impresionado, al leer los «sermones del fuego eterno» de los teólogos del pasado, los desesperados esfuerzos que ellos hacen para recrear estos horrores de forma vívida a sus lectores, asombrándoles que hombres sobre los que penden horrores así puedan vivir con la tranquilidad con la que lo hacían. Aunque quizá no sea algo tan sorprendente. Tal vez los teólogos estén apelando, en el sentido de una prudencia y un terror egocéntricos, a una creencia que, en ese nivel, no puede existir realmente como una influencia permanente sobre la conducta; si bien, sin duda, pueda funcionar durante la excitación de unos minutos o unas horas.

Todo esto no es más que la opinión de un hombre. Y puede estar excesivamente influida por mi propia experiencia. Porque —lo he dicho ya en otro libro, pero la repetición es inevitable— a mí se me permitió durante un año entero creer en Dios e intentar, de forma algo torpe, obedecerle antes de que se me concediera la fe en la vida eterna. Y siempre me parece que ese año tuvo un gran valor. Por eso quizá sea natural que yo sospeche de la existencia de un valor similar en los siglos durante los que los judíos se encontraron en la misma situación. Aunque, claro, pueden aceptarse otras opiniones.

Por supuesto que entre los antiguos judíos, al igual que entre nosotros, existieron muchos niveles. No todos ellos, y quizá ninguno de ellos en algunas épocas, se desinteresaron, no más de lo que lo hacemos nosotros. Lo que entonces llenaba este espacio que más tarde ocupó la esperanza del cielo —que con demasiada frecuencia, me temo, se deseaba principalmente como una escapada del infierno— era la esperanza de la paz y la abundancia en la tierra. Esto, en sí mismo, no era menos (pero tampoco más) subreligioso que la preocupación prudente por la vida futura. No era tan personal ni tan egocéntrico como nuestros propios deseos de prosperidad terrenal. El individuo, así, parece haber sido menos consciente de sí mismo, mucho menos separado del resto, en aquella época antigua. No distinguía con tanta precisión su propia prosperidad de la de la nación y especialmente de]a de sus propios descendientes. Las bendiciones sobre una prosperidad remota eran bendiciones sobre uno mismo. De hecho, no siempre es fácil saber si el narrador en el salmo es el poeta individual o Israel en sí mismo. Sospecho que, en ocasiones, el poeta nunca se había planteado esa cuestión.

Pero nos equivocaríamos bastante si supusiéramos que estas esperanzas terrenales eran lo único existente en el judaísmo. No son lo que lo caracteriza, aquello que lo distingue del resto de antiguas religiones. Y adviértanse aquí los extraños caminos por los que Dios guía a su pueblo. Siglo tras siglo, mediante golpes que a nosotros nos resultan despiadados, mediante la derrota, la deportación y la masacre, se le intentó meter a los judíos en la cabeza que la prosperidad terrenal no era en efecto la verdadera, ni aun la probable, recompensa de ver a Dios. Decepción de toda esperanza. La lección del Libro de Job se ilustró con gravedad a través de la práctica. Dicha experiencia habría destrozado seguramente una religión que no hubiera tenido otro centro que la esperanza en la paz y la abundancia con «cada uno debajo de su vid y debajo de su higuera». Sabemos que muchas «se cayeron». Pero lo sorprendente es que la religión no se destruye. Con sus mejores representantes, crece más pura, más sólida y más profunda. Está siendo, mediante esta férrea disciplina, cada vez más dirigida a su verdadero centro. Que será el tema del próximo capítulo.

«LA HERMOSURA DE JEHOVÁ»

«Pero dejemos de un lado todo esto y hablemos de alborozo». Hasta ahora —no he podido evitarlo—, este libro ha sido lo que la anciana de Scott[1] describía como «un frío repiqueteo de moralidad». Por fin podemos ocuparnos de cosas mejores. Si nos parece que «alborozo» no es la palabra más apropiada, eso puede ser señal de lo mucho que necesitamos algo que el Libro de los Salmos puede darnos quizá mejor que ningún otro libro del mundo.

David, como sabemos, bailó delante del arca. Bailó con tal abandono que una de sus esposas —presumiblemente la más moderna, aunque no más que él— pensó que estaba haciendo el tonto. A David no le importaba que fuera verdad. Estaba gozando con el Señor. Esto ayuda a que recordemos de entrada que el judaísmo, aunque es el culto al único y eterno Dios, es una religión antigua. Esto quiere decir que sus manifestaciones externas, y bastantes de sus actitudes, se parecían mucho más a las del paganismo que a esa rigidez —del caminar de puntillas y murmurar en voz

---

1. Sir Walter Scott (1771-1832), escritor escocés. El autor del texto, al aludir a la anciana, se refiere a Mrs. Madure, la anciana ciega que aparece en su obra *Eterna mortalidad*. [*N. del t.*].

queda— que la palabra «religión» le sugiere hoy a tanta gente. En algún sentido, por supuesto, esto levanta una barrera entre ella y nosotros. Porque nosotros no hemos disfrutado de los rituales antiguos. Todos los templos del mundo, el elegante Partenón de Atenas y el Templo sagrado de Jerusalén, eran mataderos sagrados. (Incluso los judíos parecen acobardarse ante una vuelta a ello. Ni han reconstruido el Templo ni han reinstaurado los sacrificios). Pero hasta eso tiene dos caras. Si los templos olían a sangre, también olían a carne asada; tenían un cariz festivo y hogareño, al tiempo que sagrado.

Cuando leí la Biblia de niño, me hice a la idea de que el Templo de Jerusalén tenía relación con las sinagogas locales del mismo modo en que una gran catedral lo hace con las parroquias en los países cristianos. En realidad, ese paralelismo no existe. Lo que sucedía en las sinagogas no se parecía a lo que ocurría en el Templo. Las sinagogas eran centros de reunión donde se leía la ley y se daban indicaciones, a menudo por algún visitante distinguido (como en Lc 4:20 o en Hch 13:15). El Templo era el lugar del sacrificio, el sitio donde tenía lugar el culto esencial a Yahvé. Las iglesias parroquiales son descendientes de ambos modelos. Atendiendo a los sermones y a las explicaciones, muestran su descendencia de las sinagogas. Pero como allí se celebra la Eucaristía y se administran los demás sacramentos, se parecen también al Templo, que es el lugar donde se realiza plenamente la adoración a la Divinidad. El judaísmo quedaría mutilado sin el Templo, se le privaría de su operación central; el templo cristiano, en cambio, puede ser cualquier iglesia, establo, sala de enfermos o campo abierto.

Lo más valioso que los salmos hacen por mí es expresar el mismo placer por Dios que consiguió que David bailara. No estoy diciendo que esto sea algo tan puro o profundo como el amor de Dios alcanzado por los grandes santos y místicos cristianos. Pero no lo estoy comparando con esto, sino con el mero «ir a la iglesia» obligatorio y con esa laboriosa «repetición de nuestras oraciones» a los que la mayoría de nosotros —no siempre, gracias a Dios— nos limitamos. En contra de ello, destaca por ser algo sorprendentemente robusto, viril y espontáneo; algo que quizá miremos con una envidia inocente y de lo que confiamos en infectarnos a medida que leamos.

Por las razones que he dado, este placer está centrado en el Templo. Los poetas más sencillos no distinguen de hecho entre el amor de Dios en lo que podríamos llamar (con cierto peligro) «un sentido espiritual» y su goce en los festivales del Templo. No debemos malinterpretarlo. Los judíos no eran, como los griegos, un pueblo analítico y lógico; de hecho, con la excepción de los griegos, ningún pueblo de la antigüedad lo era. El tipo de distinción que podemos trazar fácilmente entre aquellos que realmente están cumpliendo con su culto a Dios en la iglesia y quienes disfrutan «de un bello servicio» por motivos musicales, arqueológicos o meramente sentimentales, habría sido imposible de alcanzar para ellos. Nos acercaremos más a su mentalidad si pensamos en un moderno granjero pío que va a la iglesia el día de Navidad o a dar gracias por la cosecha. Me refiero, claro, a uno que crea de verdad, que sea un comulgante habitual; no a uno que vaya solo en esas ocasiones y que por eso sea (no en el peor sino en el mejor sentido de la palabra) un pagano, que practique la piedad pagana, que se incline ante lo desconocido —y en otras ocasiones lo olvidado— en las grandes festividades anuales. El hombre que me estoy imaginando es un verdadero cristiano. Pero no le haríamos ningún favor si le pidiéramos que separara, en esos momentos, unos elementos exclusivamente religiosos del resto —del campechano placer social en un acto público, del goce de los himnos (y la gente), del recuerdo de estas tradiciones desde su niñez, de la bien ganada anticipación del descanso tras la cosecha o la cena de Navidad que sigue a la iglesia—. En su cabeza, todo está ligado. Y eso era aún más cierto en cualquier hombre de la antigüedad, y especialmente en cualquier judío. Era un campesino, estaba muy cerca de la tierra. Nunca había oído que la música, la festividad o la agricultura estuvieran separadas de la religión, ni que la religión lo estuviera de ellas. La vida era una sola. Esto seguramente le ponía en peligro respecto a ciertos riesgos espirituales que gente más sofisticada puede evitar; pero también le daba privilegios de los que muchos carecen.

Por eso, cuando los salmistas hablan de «ver» al Señor, o de que anhelan «verle», la mayoría de ellos se refiere a algo que les sucedió en el Templo.

Describiríamos esto de un modo fatal si dijéramos que «solo se refieren a que han visto la fiesta» . Sería mejor decir: «si hubiéramos estado allí, solo habríamos visto la fiesta». Por eso, cuando en el salmo 68 se dice: «Aparece tu cortejo, oh Dios[2] [...] hacia el santuario. Los cantores iban delante, los músicos detrás; en medio las doncellas con panderos» (vv. 24-25), es casi como si el poeta dijera: «Mira, por ahí viene Él». Si hubiera estado allí, habría visto a los músicos y a las chicas con los panderos; además, como añadido, podría, o no, haber (como solemos decir) «sentido» la presencia de Dios. Quienes practicaban el culto en la antigüedad no eran conscientes de este dualismo. De forma similar, si un hombre moderno deseara «Que repose yo en la casa de Jehová todos los días de mi vida, para contemplar la hermosura de Jehová» (27:4), querría decir, por supuesto, que esperaba recibir, no sin la mediación de los sacramentos y la ayuda de otros «servicios», sino como algo diferenciable de ellos; algo que no se podría presumir que fuera consecuencia inevitable de ellos, de momentos frecuentes de visión espiritual o del amor «sensible» de Dios. Pero sospecho que el poeta del salmo no trazaba ninguna distinción entre «contemplar la hermosura de Jehová» y los actos de culto en sí mismos.

Cuando la mente alcanza una mayor capacidad de abstracción y análisis, esta vieja unidad se parte en dos. Pero no será posible distinguir el rito de la visión de Dios antes de que exista el peligro de que el

---

2. Quizá esto se cantaba mientras se portaba el Arca.

rito se convierta en un sustituto, y un rival, de Dios mismo. Una vez que podamos pensar en ellos de forma separada, esto sucederá; y tal vez el rito emprenda una vida rebelde, cancerígena, propia. Existe una etapa en la vida de un niño en la que no es capaz de separar el carácter religioso del meramente festivo de la Navidad o la Semana Santa. En una ocasión me contaron la historia de un niño pequeño y muy devoto a quien oyeron murmurar en una mañana de Pascua un poema compuesto por él mismo que comenzaba: «Huevos de chocolate y resurrección de Cristo». En mi opinión, para la edad que tenía, constituye un ejemplo admirable tanto de poesía como de fe. Pero, por supuesto, llegará el momento en que el niño no podrá seguir disfrutando de esa unidad sin esfuerzo y de forma espontánea. Será capaz de distinguir los aspectos espirituales de los rituales y de los festivos de la Semana Santa; y los huevos de chocolate dejarán de ser sagrados. Y una vez que haya distinguido, tendrá que escoger qué prefiere. Si da prioridad a lo espiritual, seguirá teniendo la opción de degustar la Pascua a través de los huevos de chocolate; si da prioridad a los huevos, pronto no serán para él más que otro dulce. Han tomado vidas independientes y, por eso, se van marchitando. Ya haya tenido lugar en algún periodo del judaísmo, o en la experiencia personal de algunos judíos, aquí también ocurrió una situación aproximadamente paralela. La unidad se desplomó; los ritos de sacrificio se hicieron imposibles de distinguir del encuentro con Dios. Por desgracia, esto no quiere decir que cesaran o se hicieran menos importantes. De hecho, quizá a través de formas malvadas se convirtieron en más importantes. Tal vez pudieron entenderse como una especie de transacción comercial con un dios avaricioso que, de alguna forma, quería en realidad grandes cantidades de cadáveres y cuyos favores no podían satisfacerse en otros términos. O peor aún, se pudieron ver como lo único que Él quería, para que su puntual actuación le satisficiera sin obedecer sus demandas de piedad, juicio y verdad. Para los propios sacerdotes, el sistema completo era importante simplemente porque representaba tanto su arte como su sustento; toda su pedantería, todo su orgullo, toda su posición económica, se debía a ello. Cada vez hacían su arte más elaborado. Y el correctivo a esta forma de ver el sacrificio podía encontrarse en el propio judaísmo. Los profetas despotrican contra él continuamente. Incluso el Libro de los Salmos, a pesar de ser una colección tan centrada en el Templo, llega a hacerlo; como en el salmo 50, donde Dios le dice a su pueblo que todo el culto del Templo, considerado en sí mismo, no tiene sentido en absoluto, y ridiculiza en particular esa noción tan genuinamente pagana de que Él deba ser alimentado con carne asada. «Si yo tuviese hambre, no te lo diría a ti» (v. 12). En ocasiones me ha dado la impresión de que Él podría, de forma similar, preguntarle a un sacerdote moderno: «Si quisiera música —si estuviera investigando los detalles más recónditos de la historia del rito occidental—, ¿crees de verdad que tú serías la fuente de la que me fiaría?».

Esta posible degradación del sacrificio y sus reprimendas son, sin embargo, tan bien conocidas que no hay ninguna necesidad de resaltar su importancia. En lo que sí deseo insistir es en lo que creo que más necesitamos (o al menos yo más necesito): la gloria y el placer en Dios que encontramos en el Libro de los Salmos, que ya de forma lejana o cercana, en este o en otro ejemplo, pueda estar relacionada con el Templo. Este es el centro vivo del judaísmo. Estos poetas conocían muchas menos razones que nosotros para amar a Dios. No sabían que Él les ofrecía la gloria eterna; y mucho menos que Él moriría por ganarla para ellos. Y aun así, ellos expresan un anhelo de Dios, de su mera presencia, que solo llega a los mejores cristianos o a los cristianos en sus mejores momentos. Desean vivir sus días en el Templo para poder ver constantemente «la hermosura de Jehová» (27:4). Su deseo de ir hasta Jerusalén y «[presentarse] delante de Dios» es como una sed física (42:2). Desde Jerusalén, su presencia se manifiesta como «dechado de hermosura» (50:2). Si nos falta ese encuentro con Él, sus almas languidecen «cual tierra seca y árida donde no hay aguas» (63:1). Ansían ser «saciados del bien» de su casa (65:4). Y solo podrán hallar la paz como un pájaro en el nido (84:3). Un día de estos «placeres» es mejor que una vida entera en cualquier otro sitio (v. 10).

Yo llamaría a esto —aunque la expresión pueda resultarle a algunos algo dura— «apetito por Dios» antes que «amor a Dios». El «amor a Dios» nos sugiere con demasiada facilidad la palabra «espiritual» en todos esos sentidos negativos o restrictivos que por desgracia ha adquirido. Ninguno de esos antiguos poetas parece pensar que ellos tengan ningún mérito o sean píos por tener esos sentimientos; ni tampoco, por otra parte, que tengan privilegio alguno al recibir la gracia de poder sentirse así. Son, al mismo tiempo, menos mojigatos que el peor de nosotros y menos humildes; casi se diría que están menos sorprendidos que el mejor de nosotros. El texto encierra toda la espontaneidad de un deseo natural, incluso físico. Es alegre y jocundo. Ellos están contentos y exultantes (9:2). Sus dedos se mueren por tocar el arpa (43:4), por el laúd y el arpa —«despierta, salterio y arpa» (57:8)—; cantemos, traigan el tambor, traigan «la lira dulce con el arpa», cantaremos con alegría y nos alegraremos con júbilo (81:1). Ruido, podría bien decirse. La mera música no es suficiente. Que todos, incluso los ignorantes gentiles,[3] batan palmas (47:1). Que haya címbalos sonoros, no solo bien afinados, sino retumbantes, y danzas también (150:5). Que incluso las islas remotas —todas las islas eran remotas, pues los judíos no eran navegantes— compartan la alegría (97:1).

No estoy diciendo que este entusiasmo —si lo prefiere, este escándalo— pueda o deba ser revivido. Parte de él no puede revivirse porque no está muerto, sino que está aún con nosotros. Sería ocioso fingir que

---

3. No «toda la gente», como dice la versión inglesa, sino todas las naciones (*goyim*).

nosotros los anglicanos somos un magnífico ejemplo. Los romanos, los ortodoxos, el Ejército de Salvación, creo, han retenido más de ello que nosotros. Nosotros estamos terriblemente preocupados por el buen gusto. Pero incluso podemos estar exultantes. La segunda razón va mucho más allá. Todos los cristianos sabemos algo que los judíos no saben sobre lo que «cuesta redimir su alma». Nuestra vida como cristianos comienza al ser bautizados hacia la muerte; nuestras festividades más alegres se inician y se centran en un cuerpo roto y un derramamiento de sangre. Por eso hay una profundidad trágica en nuestro culto que al judaísmo le faltaba. Nuestra alegría ha de ser de un tipo que pueda coexistir con ello; para nosotros existe un contrapunto espiritual, mientras que ellos tenían una melodía simple. Pero esto no cancela la deuda de gozo que yo, al menos, siento que tenemos respecto a los salmos más alegres. En ellos, a pesar de la presencia de elementos que ahora deberíamos entender difíciles de ver como religiosos en absoluto, y de la ausencia de elementos que algunos hallarían esenciales en la religión, yo encuentro una experiencia plenamente centrada en Dios, que no solicita de Él más que su presencia, el regalo que Él constituye, gozoso en grado máximo e inconfundiblemente real. Lo que veo (por así decir) en las caras de estos antiguos poetas me cuenta más del Dios al que ellos y nosotros adoramos.

Pero este gozo o entusiasmo típicamente hebreos encuentra además otra vía. Que seguiremos en el próximo capítulo.

«DULCES MÁS QUE LA MIEL»

En *Atalía*, la tragedia de Racine,[1] el coro de chicas judías canta una oda, acerca de la entrega de la ley en el monte Sinaí, en la que se repite a modo de estribillo *ô charmante loi* (Acto I, escena IV). Esto, por supuesto, no podría traducirse —bordearía lo cómico— como «Oh, preciosa ley». El adjetivo «precioso» se ha convertido en una palabra tibia e incluso condescendiente; la usamos para referirnos a una casa bonita, a un libro que no llega a obra maestra o a una mujer que no puede calificarse como hermosa. Cómo debería traducirse *charmante*, no lo sé; ¿«encantadora»?, ¿«deliciosa»?, ¿«bella»? Ninguna de ellas se adapta del todo. Sin embargo, lo que sí es cierto es que Racine (imponente poeta bien empapado en el conocimiento de la Biblia) se acerca aquí más que ningún escritor moderno que yo conozca a un sentimiento muy característico de ciertos salmos. Un sentimiento que yo al principio encontré completamente desconcertante.

«Deseables son más que el oro, y más que mucho oro afinado; y dulces más que la miel, y que el destilar de los panales» (19:10). Uno puede entender bien

---

1. Jean Racine (1639-1699), poeta y dramaturgo francés. [*N. del t.*].

que esto se diga de las bendiciones de Dios, de sus atenciones, de sus atributos. Pero de lo que en realidad está hablando el poeta es de la ley de Dios, de sus órdenes; de sus «normas», en la buena traducción del doctor Moffatt del versículo 9 (porque «preceptos» aquí se usa para referirse simplemente a decisiones sobre la conducta). Lo que está siendo comparado con el oro y la miel son esos «preceptos» («decretos», en la versión latina) que, según se nos dice, «alegran el corazón» (v. 8). Porque el poema entero está dedicado a la ley, no a los «juicios» en el sentido en el que hablamos de ellos en el capítulo 2.

Al principio esto me resultó muy misterioso. «No robarás, no cometerás adulterio»: entiendo que un hombre pueda, y deba, respetar estos «preceptos», y que intente obedecerlos y que los asuma en su interior. Pero resulta muy difícil entender cómo podrían llegar a ser, por así decir, deliciosos, cómo pueden llenarnos de júbilo. Si esto es difícil en cualquier momento, lo es más sin duda cuando la obediencia a cualquiera de ellos se opone a algún deseo fuerte, y quizá en sí mismo inocente. Por ejemplo, que un hombre reprima, debido a un desafortunado matrimonio previo con una lunática o criminal que no fallece, su amor por una mujer de la que está realmente enamorado; o que un hombre hambriento al que dejan solo, sin dinero, en una tienda invadida por el aroma y la vista de pan salido del horno, café recién hecho o fresas frescas... ¿Puede aquí entenderse la prohibición del adulterio o del robo tan dulce como la miel? Quizá la obedezcan, quizá respeten el «precepto». Pero probablemente estos casos puedan compararse con más acierto al fórceps del dentista o a la primera línea de trincheras que a nada digno de disfrutarse o de degustarse como dulce.

Un buen cristiano y gran erudito a quien en una ocasión planteé esta duda me respondió que pensaba que los poetas se referían a la satisfacción que los hombres sentían al saber que estaban obedeciendo la ley; en otras palabras, al «placer de mantener buena conciencia». En su opinión, ellos estarían dando a entender algo muy parecido a lo que Wordsworth quería decir cuando mencionaba que no conocemos nada más bello que la «sonrisa» del deber: la sonrisa que nos brota cuando las órdenes se han cumplido. Me resulta difícil discrepar de alguien así, cuyo punto de vista tiene mucho sentido. La dificultad estriba en que no me parece que los redactores de los salmos hayan querido decir eso.

En el salmo 1:2 se nos cuenta que la dicha de un hombre bueno se halla «en la ley del Señor, y que en ella se ejercitará día y noche». «Ejercitarse en ella» no parece querer decir obedecerla (a pesar de que, sin duda, si el hombre es bueno, también lo hará), sino estudiarla, o «estudiarla minuciosamente» en palabras del doctor Moffatt. Por supuesto que «la ley» no se refiere aquí tan solo a los diez mandamientos, sino al conjunto de legislación (religiosa, moral, civil, penal e incluso constitucional) contenida en Levítico, en Números y en Deuteronomio. Aquel que «la estudie minuciosamente» estará obedeciendo la orden de Josué: «Que no se aparte de tu boca este libro de la ley, sino que de día y de noche has de meditar en él» (Jos 1:8). Esto significa, entre otras cosas, que la ley era objeto de estudio o, como decimos ahora, una «materia»; algo sobre lo que existirían comentarios, lecciones, exámenes. Los había. Por eso, parte (desde un punto de vista religioso, la parte menos importante) de lo que un antiguo judío quería decir al hablar de «la dicha de la ley» se parecía mucho a lo que cualquiera de nosotros entendería si dijéramos que «nos encanta» la Historia, la Física o la Arqueología. Podría implicar una dicha completamente inocente —aunque, por supuesto, meramente natural— por la materia favorita de uno; o, en otro sentido, el placer de tener una opinión, el orgullo en el aprendizaje propio y la consiguiente satisfacción para quienes no la compartan, o incluso una admiración venal por los estudios que aseguran nuestro estipendio y posición social.

El peligro que encierra este segundo desarrollo obviamente se multiplica por diez cuando la materia en cuestión se sella desde el principio como sagrada. Porque, entonces, al peligro del orgullo espiritual se añaden los de la mera pedantería ordinaria y el del engreimiento. Uno, a veces (no con frecuencia), se alegra de no ser un gran teólogo, ya que podría confundirlo tan fácilmente con ser un buen cristiano... Las tentaciones a las que está expuesto un gran filólogo o un gran químico son triviales en comparación. Si la materia es sagrada, las personas orgullosas e inteligentes pueden llegar a pensar que aquellos legos que no la conozcan no son solamente inferiores a ellos en habilidad, sino también menos dignos a los ojos de Dios; como decían los sacerdotes: «Mas esta gente que no conoce la ley, son unos malditos» (Jn 7:49). Y, a medida que aumenta este orgullo, la materia o estudio que confiere tal privilegio se volverá cada vez más compleja, la lista de cosas prohibidas aumentará, hasta que cumplir un día entero sin cometer ningún supuesto pecado se convierta en un elaborado paso de baile, y esta horrible red alimentará fariseísmo en unos y una inquietante ansiedad en otros. Mientras tanto, «el peso de la ley», la justicia en sí misma, mengua hasta volverse insignificante bajo este vasto exceso de crecimiento, de forma que quienes se apeguen demasiado a la letra de la ley colarán el mosquito y se tragarán el camello.

Por eso la ley, como el sacrificio, puede adoptar una forma cancerígena y enfrentarse a aquello que la hacía existir. Como dijo Charles Williams, «cuando los medios son autónomos, son mortales». Este aspecto morboso de la ley contribuyó a —no estoy diciendo que sea su única o principal causa— la dicha de Cristo, como Salvador de la ley, que experimentaba san Pablo. Y es contra esta misma condición morbosa contra la que nuestro Señor pronunció algunas de sus más severas palabras; esa condición es el pecado, y simultáneamente el castigo, de los escribas y los fariseos. Pero esa no es la parte de este asunto en la que me gustaría incidir, ni tampoco la que en este momento necesita más insistencia. Preferiría dejar que los salmos me mostraran el lado bueno que se corresponde con este lado malo que es la corrupción.

Como todo el mundo sabe, el salmo específicamente dedicado a la ley es el 119, el más largo de toda la colección. Y probablemente todos nos habremos dado cuenta de que, desde un punto de vista literario o técnico, también es el más elaborado y formal de todos ellos. La técnica consiste en usar una serie de términos que, a fin de cumplir los propósitos del poema, son más o menos sinónimos («palabra», «estatuto», «mandamiento», «testimonio», etc). haciendo sonar sus distintas variaciones mediante secciones de ocho versos que se corresponden con las letras del alfabeto. (Lo que debió de provocar en un oído de aquella época el mismo tipo de placer que nosotros obtenemos de la métrica italiana llamada sestina, en la que en lugar de rimas se repiten, en cada *stanza*, palabras de finales idénticos en distintos órdenes). Es decir, el poema no es, y no pretende ser, una repentina emanación de emociones como, por ejemplo, el salmo 18. Es un patrón, algo hecho como un bordado, punto a punto, mediante muchas horas en silencio, por amor a lo que se hace y disfrutando con esta artesanía disciplinada y ociosa.

Esto, en sí mismo, me parece muy importante, porque nos permite adentrarnos en la mente y el sentimiento del poeta. Podemos intentar adivinar qué le parecía la ley del mismo modo que cómo se sentía acerca de su poesía; ambas cosas implicaban la misma

cariñosa conformidad respecto a un patrón compli-
cado. Esto nos sugiere al mismo tiempo una actitud
a partir de la cual crecería la concepción farisea, pero
que, en sí misma, a pesar de no ser necesariamente
religiosa, es bastante inocente. Les parecerá mojigata
o pedante (o, si no, de una meticulosidad neurótica)
a aquellos que no puedan simpatizar con ella, pero
no tendría por qué ser ninguna de estas cosas. Puede
tratarse también de un gusto por el orden, del pla-
cer por hacer las cosas «justo de la forma adecuada»,
como si estuviéramos bailando un minué. Por su-
puesto, el poeta es bien consciente de que lo que se
cuestiona aquí es algo incomparablemente más serio
que un minué. También es consciente de que es poco
probable que él logre la perfección de la disciplina:
«¡Ojalá fuesen firmes mis caminos para guardar tus
estatutos!» (119:5). De momento no lo son, y por
eso él se siente incapaz. Pero el esfuerzo para inten-
tarlo no nace de un miedo servil. El mandamiento de
la mente divina, encarnado en la ley divina, es bello.
¿Qué debería hacer un hombre sino intentar repro-
ducirlo, tan fielmente como le sea posible, en su vida
diaria? Su «dicha» se encuentra en estos estatutos
(v. 16); estudiarlos es como encontrar un tesoro (v. 14);
le afectan como lo hace la música, son sus «cantares»
(v. 54); saben como la miel (v. 103); son mejores que el
oro o la plata (v. 72). A medida que uno abre más los
ojos, ve cada vez más cosas, lo que despierta su cu-
riosidad (v. 18). No es mojigatería, ni siquiera exceso
de escrúpulo; es el lenguaje de un hombre cautivado

por la belleza moral. Si no somos capaces de compartir su experiencia, nosotros nos lo perderemos. Uno no puede evitar pensar que un cristiano chino —uno cuya cultura tradicional haya sido «el maestro que le haya llevado a Cristo»— apreciaría este salmo más que la mayoría de nosotros; porque es una antigua idea de esa cultura que la vida, por encima de todo, debe ser ordenada y que su orden debe reproducir el orden divino.

Pero hay algo más a efectos de este grave problema. En tres ocasiones el poeta afirma que la ley es «verdad» o «fiel» (vv. 86, 138, 142). Encontramos lo mismo en Salmos 111:7: «Fieles son todos sus mandamientos». (La palabra, entiendo, podría calificarse como «fiable» o «sólida»; en el sentido hebreo, «fiel» o «verdadero» es lo que «se tiene en pie», lo que «no cede» o se derrumba). Un estudioso moderno de Lógica diría que la ley es un mandamiento y que calificarla de fiel «verdad» no tiene sentido; «La puerta está cerrada» puede ser una afirmación cierta o falsa, pero «cierra la puerta» no puede serlo. Pero creo que todos entendemos lo que quieren decir los redactores del Libro de los Salmos: que en la ley es donde encontramos las directrices «verdaderas», «correctas», estables o sólidas. La ley responde la pregunta «¿Con qué limpiará el joven su camino?» (119:9). Es como una lámpara, una guía (v. 105). Para la vida existen muchas directrices contrapuestas, como nos muestran las culturas paganas que nos rodean. Cuando los poetas califican de «ciertas» las directrices o normas de Yahvé, están expresando la convicción de que estas, y no otras, son las «verdaderas» o «válidas» o irrebatibles; que son las basadas en la verdadera naturaleza de las cosas y la verdadera naturaleza de Dios.

Con esta convicción, se ponen, de forma implícita, en el lado correcto de la controversia que se levantó mucho tiempo después entre los cristianos. En el siglo XVIII existieron pésimos teólogos que mantuvieron que «Dios no ordenó ciertas cosas porque fueran correctas, sino que ciertas cosas son correctas porque las ordenó Dios». Para explicar este argumento, uno de ellos llegó a decir que, a pesar de que Dios nos ha ordenado amarle a Él y amarnos los unos a los otros, podría igualmente habernos mandado odiarle a Él y odiarnos entre nosotros, y entonces el odio habría sido correcto. Como si hubiera sido un mero sorteo sobre el que Él hubiera decidido. Un punto de vista así en efecto hace de Dios un tirano arbitrario. Sería mejor y menos irreligioso no creer en Dios y no tener ética alguna que mantener una ética y unas creencias como estas. Los judíos, por supuesto, nunca discutieron esto en términos abstractos y filosóficos. Pero de golpe, y de forma absoluta, asumen el punto de vista correcto, demostrando que saben más de lo que creían. Saben que el Señor (y no simplemente la obediencia al Señor) es «justo» y que ordena «justicia» porque así lo desea (11:7). Impone lo que es bueno porque eso es bueno, porque Él es bueno. De ahí que sus leyes tengan *emeth*, «verdad», validez intrínseca, un realismo con los pies en el suelo, arraigado en su propia naturaleza, y que, por tanto, es tan sólido como la Naturaleza que Él ha creado. Pero los propios redactores de los salmos son capaces de escribirlo mejor: «Tu justicia es como los montes de Dios, tus juicios, como el gran abismo» (36:6).[2] La dicha de estos autores en la ley es la propia de haber tocado la firmeza; como el placer del caminante al sentir la carretera debajo de sus pies después de atravesar un atajo que le ha mantenido enredado en aguas cenagosas.

Porque había otros caminos, que carecían de «verdad». Los judíos, al igual que sus vecinos, tenían cerca, tanto en raza como en posición, a paganos de la peor clase, paganos cuya religión no estaba marcada por la belleza o (en ocasiones) la sabiduría que podemos encontrar en los griegos. Ese escenario hizo que la «belleza» o «dulzura» de la ley fuera más visible; no menos porque estos paganismos cercanos fueran una tentación constante para los judíos y pudieran sus manifestaciones externas parecerse a las de su propia religión. La tentación consistía en invocar estos terribles ritos en épocas de terror, como cuando, por ejemplo, les presionaban los asirios. Nosotros, que no hace tanto tiempo esperábamos diariamente la invasión de enemigos, como los asirios, hábiles y constantes en la crueldad sistemática, entendemos cómo pudieron sentirse los judíos. Les tentaba, ya que el Señor parecía estar sordo, invocar a atractivas deidades que pedían mucho más y que tal vez también devolvían más a cambio. Pero cuando un judío en un

2. Véase Apéndice I.

momento más feliz, o un judío mejor en aquellos mismos momentos, atendía a esos cultos —cuando creía sagradas la prostitución, la sodomía y el arrojar a los recién nacidos al fuego de Moloc— su propia «ley», en el instante en que se volviera a ella, debía de brillar con un resplandor especial. Más dulce que la miel; o si la metáfora no se adapta a nosotros, que no seremos tan golosos como los pueblos de la antigüedad (en parte porque tenemos azúcar en abundancia), digamos que fresca como el agua de manantial, como el aire al salir de una mazmorra, como la razón después de una pesadilla. Pero, de nuevo, la mejor imagen la encontramos en un salmo, el 19.[3]

En mi opinión, es el mejor poema del Libro de los Salmos y uno de los mejores poemas líricos del mundo. La mayoría de los lectores recordará su estructura: seis versículos sobre la Naturaleza, cinco sobre la ley y cuatro de oración personal. La redacción actual no ofrece una conexión lógica entre el primer y el segundo movimiento. En este sentido, su técnica recuerda a la de la poesía más moderna. Un poeta moderno pasaría con una brusquedad parecida de un tema al otro dejando que buscáramos nosotros el nexo de unión. Pero también es verdad que posiblemente estaría haciendo esto de forma deliberada; porque, aunque intentara disimularlo, en su cabeza tendría un vínculo perfectamente claro y consciente que podría expresarnos en una prosa lógica si quisiera. Dudo que un poeta de la antigüedad se comportara

3. Véase Apéndice I.

así. Creo que sentía, sin esfuerzo y sin reflejarlo, una conexión tan cercana, de hecho (para su imaginación) una identidad tal, entre el primer tema y el segundo tema, que pasaba de uno a otro sin advertir que se había producido transición alguna. Primero piensa en el cielo; cómo, día tras día, el esplendor que vemos en él nos muestra el de su Creador. Después piensa en el sol, el júbilo nupcial de su ascensión, la inimaginable velocidad de su viaje diario del este al oeste. Finalmente, en su calor; por supuesto, no en las temperaturas tibias de nuestro clima, sino de los rayos despejados, cegadores, tiranos que golpean las colinas y buscan adentrarse en cada ranura. La frase clave de la que depende todo el poema es «nada hay que se esconda de su calor». Lo atraviesa todo con su ardor fuerte y puro. Y al tiempo, en el versículo 7 habla de otra cosa, que apenas le parece a él algo distinto porque es muy semejante a ese resplandor que todo lo atraviesa, que todo lo detecta. La ley es «perfecta», la ley aporta luz, es limpia y eterna, es «dulce». Nadie puede mejorarla y nada puede mostrarnos más plenamente el sentimiento judío sobre la ley; luminosa, severa, desinfectante, exultante. Uno apenas necesita añadir que el poeta está por completo liberado de fariseísmo y que la última sección se ocupa de sus «faltas ocultas». Al igual que ha sentido el sol, quizá en el desierto, buscándole en cada rincón de sombra donde pretendía esconderse de él, así siente la ley buscando en todos los rincones escondidos de su alma.

Al igual que esta idea de la belleza, dulzura o preciosidad de la ley surgió del contraste con los paganismos cercanos, puede que pronto encontremos ocasión de rescatarla. Los cristianos cada vez viven más en una isla espiritual; formas de vida nuevas y opuestas la rodean por todas partes y sus mareas cada vez invaden más la playa. Ninguna de estas nuevas formas es aún tan sucia o cruel como algunos paganismos semíticos. Pero muchas de ellas ignoran todos los derechos individuales y ya son lo suficientemente crueles. Algunas dan a la moralidad un significado por completo nuevo que nosotros no podemos aceptar, otras niegan su mera posibilidad. Quizá todos nosotros debamos aprender, con precisión suficiente, a valorar el aire fresco y la «dulce sensatez» de la ética cristiana que tal vez hayamos dado por sentados. Pero, por supuesto, si lo hacemos, estaremos expuestos al peligro de la mojigatería. Podemos llegar a «agradecer a Dios que no seamos como otros». Y esto introduce la mayor dificultad que los salmos han planteado a nuestra mente.

CONNIVENCIA

Cualquier atento lector del Libro de los Salmos se habrá dado cuenta de que estos nos hablan con severidad no solo del mal que cometemos, sino también de algo más. Según el salmo 26:3-4, el hombre bueno no solo ha de estar libre de la «hipocresía» (falsedad), sino que no debe haberse «sentado», intimado, con aquellos que son «impíos». Los debe haber «aborrecido» (v. 5). Así, en el 31:7, «aborrece» a los idólatras. En el 50:18, Dios culpa a un hombre no por ser un ladrón, sino por «irse con» un ladrón (en palabras del doctor Moffatt, «eres amigo de cuanto ladrón ves»). En el 141:4-6, donde nuestra traducción parece estar bastante equivocada, aun así el sentido común se abre paso y expresa la misma actitud. Casi de forma cómica el redactor del salmo 139 pregunta: «¿No odio, oh Jehová, a los que te aborrecen? […]. Los tengo por enemigos míos» (vv. 21-22).

Pero obviamente todo esto —hacerse cargo de odiar a aquellos que uno cree enemigos de Dios, evitar la asociación con aquellos a quien se cree malvados, juzgar a nuestros vecinos, creerse «demasiado bueno» para algunos de ellos (no en el sentido presuntuoso, que es un pecado trivial en comparación, sino en el sentido más profundo de la expresión «demasiado bueno»)— es un juego extremadamente peligroso, casi fatal. Nos lleva directos al «fariseísmo» en el sentido que las propias enseñanzas de nuestro Señor han dado a esa palabra. No conduce solo a la maldad, sino al absurdo de aquellos que en tiempos posteriores llegaron a ser llamados «extremadamente buenos». Todo esto lo asumo desde el principio, y creo que incluso en el Libro de los Salmos funciona este mal. Pero no debemos ser fariseos con los fariseos. Resulta tonto leer esos pasajes sin advertir que incluyen un problema auténtico. Y no estoy tan seguro de contar con la solución.

Oímos una y otra vez que el editor de tal periódico es un granuja, que tal político es un mentiroso, que tal funcionario es un tirano e incluso alguien poco honrado, que aquel ha tratado a su esposa de forma abominable, que algún famoso (estrella de cine, autor, o qué sé yo) lleva una vida vil y maliciosa... Y la regla general en la sociedad moderna es que nadie rehúsa conocer a estas personas y comportarse con ellas del modo más cordial y amistoso. La gente incluso se vuelve loca por que se las presenten. No dejarán de comprar el periódico del granuja, y por tanto de pagar al propietario de las mentiras, de las detestables intrusiones en la vida y tragedias privadas, las blasfemias y la pornografía, que ellos profesan condenar.

He dicho que existe un problema en ello, pero en realidad son dos. Uno es social y el otro, casi político. Podría preguntarse si es bueno el estado de una sociedad en el que ser un canalla no comporta un castigo social; si no, seríamos un país más feliz si ciertas personas importantes fueran parias como lo era antes el verdugo, a quien se denegaba la entrada en toda asociación, carecía de amistades y se exponía a que le azotaran con una fusta o a bofetadas si se permitía el atrevimiento de dirigirse a una mujer respetable. Todo esto nos lleva a la gran pregunta de si el mayor mal de nuestra sociedad civil no es el hecho de que no parece existir ningún término medio entre la sumisión desesperada y la revolución de salón. Las protestas se han extinguido, al menos las protestas moderadas. Podría discutirse si no nos iría mucho mejor si las ventanas de diversos ministerios y periódicos se rompieran más a menudo, si cierta gente se encontrara con más frecuencia sometida a presión o escarnio (lapidada con suavidad: con barro, no con piedras) en las calles. No es enteramente deseable que se le permita de repente a cualquiera disfrutar de los placeres de un tirano o una sociedad secreta, pero tampoco de los de un honrado ciudadano. Para esta pregunta no tengo la respuesta. Los peligros de un cambio en la dirección que subrayo son muy grandes; al igual que los males de nuestra actual docilidad.

Me preocuparé aquí tan solo del problema que representa en nuestra vida individual y privada. ¿Cómo deberíamos comportarnos en presencia de gente malvada? Precisaré «gente malvada» diciendo «gente malvada entre los poderosos, prósperos e impenitentes». Si se trata de marginados, pobres y miserables, cuya maldad no es «culpa suya», todo cristiano conoce la respuesta. Cristo con la samaritana en el pozo, Cristo con la mujer sorprendida en adulterio, Cristo cenando con los recaudadores de impuestos son algunos ejemplos. Lo que quiero decir, por supuesto, es que su humildad, su amor, su indiferencia total al descrédito social y a la tergiversación de los hechos en que podía verse envuelto nos sirven a nosotros de ejemplo; no es que, bien lo sabe Dios, ninguno de nosotros que no estuviera específicamente cualificado para ello por sacerdocio, edad, amistad o la petición ferviente de los propios pecadores pudiera sin insolencia y presunción asumir el mínimo rastro de su autoridad para reprender y perdonar. (Uno ha de ser muy cuidadoso, no sea que el deseo de tratar con condescendencia y el ansia de meterse en la vida de otros acabe disfrazado de vocación de ayudar a los «caídos» o tienda a oscurecer nuestra percepción de que nosotros somos los «caídos» —quizá a los ojos de Dios más de lo que creemos—). Pero podemos estar seguros de que hubo otros que igualmente confraternizaron con «publicanos y pecadores» y cuyos motivos fueron muy diversos de los de nuestro Señor.

Los publicanos eran los miembros de menor nivel de lo que podría llamarse el movimiento de Vichy o colaboracionista en Palestina; hombres que desplumaban a sus paisanos para darle el dinero a la potencia ocupante a cambio de un buen porcentaje del botín. Como tales, estaban en la misma situación que el verdugo, fuera de todo contacto social decente. Pero a algunos de ellos les iba bastante bien económicamente y sin duda: la mayoría disfrutaba, hasta cierto punto, de la protección y los desdeñosos favores del gobierno romano. Parece fácil adivinar que algunos de ellos se asociarían por malos motivos: para obtener ganancias, para llevarse bien con enemigos tan peligrosos... Además de nuestro Señor, entre sus invitados habría habido aduladores y gente que quería subirse al carro; personas como un joven al que conocí hace tiempo.

Había sido un socialista estricto en la época de Oxford. Todo lo debía regir el Estado; las empresas privadas y los profesionales independientes eran para él el mayor de los males. Después se marchó y se convirtió en maestro de escuela. Pasados diez años, vino a verme. Me contó que sus opiniones políticas habían dado un giro radical. Nunca había oído a nadie retractarse tanto. Ahora veía la intervención del Estado como algo fatal. Lo que le había convertido era su experiencia como profesor del Ministerio de Educación: una panda de entrometidos ignorantes armados de un insufrible poder para molestar, dificultar e interrumpir el trabajo de los verdaderos profesores en la práctica, quienes dominaban las materias que enseñaban y conocían a los chicos, a los padres y todas las condiciones reales de su trabajo. Para el sentido de la historia no hace diferencia si uno está de acuerdo con su visión del Ministerio; lo importante es que él mantenía ese punto de vista. Porque el verdadero sentido de la historia, el de la visita, cuando vino, casi me deja sin respiración. Había venido a ver si yo tenía algún tipo de influencia que le ayudara a conseguir un puesto en el Ministerio de Educación.

Es el ejemplo perfecto de alguien que pretende subirse al carro. A la reflexión «Esta es una tiranía asquerosa», sigue de forma inmediata la decisión «¿Cómo puedo, de la forma más rápida posible, dejar de ser una de las víctimas y convertirme en uno de los tiranos?». Si yo hubiera sido capaz de presentar a este joven a alguien del Ministerio, creo que podríamos estar seguros de que sus modales le habrían resultado geniales y amables a ese odiado «entrometido». Por eso, alguien que hubiera oído sus improperios anteriores en contra de los entrometidos y que después hubiera presenciado su comportamiento hacia dicho entrometido, podría (por caridad, «creed en todo») haber concluido posiblemente que el joven estaba lleno de la cristiandad más pura y era capaz de amar a alguien a quien consideraba un pecador, al tiempo que odiaba el pecado que este cometía.

Por supuesto, este es un ejemplo de alguien que se sube al carro tan crudo y evidente que roza lo absurdo. Quizá no muchos de nosotros caigamos en algo así. Pero existen formas de hacer lo mismo más sutiles, sociales o intelectuales que podrían engañarnos. Mucha gente anhela conocer a personas famosas o «importantes», incluyendo a aquellos a quienes desaprueban, por curiosidad o vanidad. Les da algo de lo que hablar o incluso (todos podríamos elaborar un libro entero de recuerdos) algo que escribir. Da la impresión de conferir distinción en caso de que esa gran persona, aunque sea odiosa, te reconozca en público. Y cuando están en juego motivos como estos, es mejor todavía conocerle bien, guardar intimidad con él. Sería estupendo que él gritara «Hombre, Bill» al verte pasear por la calle con un primo de pueblo impresionable. No sé si el mero deseo es un defecto importante. Pero me inclino a pensar que sería más sabio que un cristiano evitara, si puede hacerlo con decencia, conocer a matones y personas lascivas, crueles, poco honestas, rencorosas, etc.

No porque seamos «demasiado buenos» para ellas. En cierto sentido, porque no lo somos. No somos lo suficientemente buenos para lidiar con todas las tentaciones, ni lo suficientemente inteligentes para capear todos los problemas que una noche en compañías así nos puede traer. La tentación es la condonación, la connivencia con ello; y, a través de nuestras palabras, nuestras iradas o nuestra risa, el «consentimiento». Nunca estuvimos más tentados que ahora que todos tenemos tanto miedo (y con toda la razón) de la mojigatería o la «petulancia». Y, por supuesto, incluso aunque no lo busquemos, estaremos constantemente en compañías así lo deseemos o no. Esta es la auténtica e inevitable dificultad.

Escucharemos historias viles contadas como graciosas; historias no meramente licenciosas sino (a mi juicio, mucho más serias y que llaman menos la atención) del tipo en el que quien las cuenta ha de estar traicionando la confianza de alguien. Oiremos detracciones infames de los ausentes, a menudo disfrazadas con sentimiento de pena o humor. Se harán bromas de asuntos que consideramos sagrados. Se defenderá con malicia la crueldad asumiendo que tan solo está opuesta al «sentimentalismo». Las presuposiciones de toda vida buena —toda razón desinteresada, todo heroísmo, todo perdón genuino— serán, si no negadas explícitamente (porque entonces el asunto podría ser discutible), sí asumidas como fantasmales, estúpidas, creídas solo por niños.

¿Qué hemos de hacer? Porque, por una parte, es cierto que existe un grado de participación sin protesta en conversaciones así, lo que es muy malo. Estamos fortaleciendo las armas del enemigo. Le estamos animando a creer que «esos cristianos», una vez sorprendidos con la guardia baja puestos alrededor de una cena, en realidad piensan exactamente como hace él. Con nuestra implicación, estamos negando a nuestro Maestro comportándonos como si «no le conociéramos». Por otra parte, ¿hemos de comportarnos, como la reina Victoria, como si «no le viéramos la gracia»? ¿Hemos de ser contenciosos e interrumpir el flujo de la conversación continuamente diciendo «no estoy de acuerdo, no estoy de acuerdo»? ¿O levantarnos e irnos? Pero mediante estos comportamientos quizá también confirmemos algunas de las peores sospechas adjudicadas a «esos cristianos». Pues seremos ese tipo de mojigatos enfermos que ellos siempre han pensado.

El silencio es un buen refugio. Los demás no se darán cuenta de ello tan rápidamente como tendemos a pensar. Y (mejor aún) pocos de nosotros lo disfrutaremos como correríamos el riesgo de disfrutar métodos más contundentes. El desacuerdo puede, en mi opinión, expresarse a veces sin apariencia de mojigatería, si se hace de forma argumentada y no dictatorial; la ayuda vendrá menudo de la persona menos pensada entre le presentes, o de más de una, hasta que descubramos que quienes disentían en silencio eran en realidad una mayoría. A esto podría seguir una discusión realmente interesante. Por supuesto que el bando bueno puede ser derrotado. Pero eso es mucho menos importante de lo que yo solía penar. Encontrarás que el mismo que te ha derrotado con sus argumentos, años después, parece que fue influido por lo que tú dijiste.

Existe, sin embargo, un nivel de maldad con el que ha de protestarse, aunque haya pocas posibilidades de tener éxito. Hay risueños acuerdos con el cinismo o la brutalidad de los que uno debe desmarcarse sin ambigüedades. Si no puede hacerse sin parecer mojigato, pues mojigatos pareceremos.

Porque lo que en realidad importa no es parecerlo, sino serlo. Si nos disgusta tanto levantar una protesta, si estamos tan tentados a no hacerlo, en realidad no es probable que seamos mojigatos. Aquellos que disfrutan positivamente de, como ellos dicen, «testificar» se encuentran en una posición mucho más peligrosa. Pero aquellos que solo lo parecen... Bueno, aunque sea muy malo ser un mojigato, existen ciertos ambientes sociales tan tontos que en ellos es casi alarmante que a uno no se lo hayan llamado nunca. De la misma forma, aunque la pedantería es una insensatez y el esnobismo un vicio, también existen círculos en los que tan solo un hombre indiferente a todo matiz escapará de ser considerado un pedante, y otros en los que los modales son tan ordinarios, horteras y desvergonzados que a cualquiera que tenga buen gusto (sea cual sea su posición) se le llamará esnob.

Lo que hace tan difícil este contacto con la malas personas es que manejar la situación con éxito no solo requiere buenas intenciones, incluso suponiendo la humildad y el valor entre ellas pueden hacer falta talentos sociales e incluso intelectuales que Dios no nos haya dado. Por eso no será fariseísmo sino mera prudencia evitarlas en la medida de lo posible. Los redactores de los salmos no iban desencaminados cuando describían a las buenas personas como aquellas que evitaban «silla de escarnecedores» y temían confraternizar con el impío, no fuera a ser que tuvieran que «comerse» (¿diríamos más bien reírse de, admirar, aprobar, justificar?) «el complacerle». Como es habitual en su actitud, a pesar de todos los riesgos, existe un núcleo de sentido común. «No nos dejes caer en la tentación» a menudo significa entre otras cosas: «Niégame esas invitaciones gratas, esos contactos interesantes, la participación en brillantes movimientos de nuestra época, que con tanta frecuencia, deseo».

En conexión cercana con estos avisos contra lo que yo he llamado «connivencia» están las protestas del

Libro de los Salmos[1] contra otros pecados de la lengua. Creo que me sorprendieron un poco al comenzar a leerlos; yo había esperado que en una época más simple y violenta en la que se hacía más daño con el cuchillo, el palo y la hoguera, se haría menos con la palabra. Pero en realidad los salmistas apenas mencionan ningún tipo de mal con más frecuencia que este, que comparten las sociedades más civilizadas. «Sepulcro abierto es su garganta, con su lengua hablan lisonjas» (5:9); «debajo de su lengua hay vejación y maldad», o «perjurio», en palabras del doctor Moffatt (10:7); «labios lisonjeros» (12:3); «lenguas pendencieras» (31:20); «las palabras de su boca son iniquidad y fraude» (36:3); el murmurar de los malvados (41:7), las mentiras crueles que cortan «como navaja afilada» (52:2); «suaviza sus palabras más que el aceite» y hiere como una espada (55:21); insultos despiadados (102:8). Todo está en el Salterio. Casi somos capaces de oír los incesantes susurros, acusaciones, mentiras, riñas, halagos y circulación de rumores. No se requieren aquí reajustes históricos, este mundo lo conocemos. Incluso somos capaces de detectar en esos murmullos y adulaciones voces que nos son familiares. Una de ellas puede ser demasiado familiar para que la reconozcamos.

---

1. Algunos de ellos probablemente implicaran ideas arcaicas, o incluso mágicas, de poder intrínseco en las propias palabras, a fin de que bendiciones y maldiciones tuvieran efecto.

NATURALEZA

Dos factores determinan la aproximación de los salmistas a la Naturaleza. El primero lo comparten con la inmensa mayoría de los escritores de la antigüedad; el segundo era, en su época, si no único, sí extremadamente infrecuente.

(I) Pertenecen a una nación formada sobre todo por campesinos. Para nosotros, los judíos están asociados a la economía, al comercio, al préstamo y cosas similares. Esto, sin embargo, viene de la Edad Media, época en la que no se les permitía comprar tierras y eran derivados a ocupaciones que no tuvieran nada que ver con el suelo. Sean cuales sean las características que los judíos modernos hayan adquirido con el paso de los siglos en tales ocupaciones, no pueden haber sido las de sus antepasados de la antigüedad. Aquellos eran campesinos o granjeros. Incluso cuando un rey codicia una parte del terreno de su vecino, esa tierra es un viñedo; se parece más a un malvado latifundista que a un rey malvado. Todo el mundo tenía una relación cercana con la tierra; todos eran muy conscientes de su dependencia de ella y del clima. Así, hasta una época tardía, fueron también los griegos y los romanos. Por eso, no podía existir entonces parte de lo que hoy nosotros quizá llamaríamos «apreciar la Naturaleza»

—esa idea de disfrutar del placer del «campo» en contraste con la vida en las ciudades—. Allí donde las ciudades son pocas y pequeñas y casi todo el mundo tiene que ver con la tierra, nadie es consciente de que exista nada especial en «el campo». De ahí que en la antigüedad no existiera una especie de «poesía de la naturaleza» hasta que surgieron ciudades realmente grandes como Alejandría; y que, después de la caída de la civilización antigua, no volviera a existir de nuevo hasta el siglo XVIII. En otras épocas, lo que llamamos el «campo» era simplemente el mundo, lo que el agua es a los peces. Sin embargo, el aprecio por la Naturaleza existía; un placer que era al tiempo práctico y poético. Homero puede disfrutar de un paisaje, pero lo que quiere decir al mencionar su belleza es que es fértil: tierra buena y profunda, abundancia de agua, pastos que harán engordar al ganado y buenas maderas. Y si además se pertenece a una raza marinera, añade, como no lo eran los judíos, un buen puerto. Los redactores del Libro de los Salmos, que escriben poemas líricos, no novelas, normalmente nos hablan poco del paisaje. Lo que sí mencionan, de un modo mucho más sensual y placentero del que yo haya leído nunca en griego, es el sentido del clima: el clima visto con los ojos de un campesino, disfrutado casi como lo debe disfrutar una verdura. «Cuidas de la tierra, y la riegas [...]. Haces que se empapen sus surcos [...] la ablandas con lluvias [...], los collados se ciñen de alegría [...]. Y los valles se cubren de mieses; dan voces de júbilo, y aun cantan» (65:9-14). En 104:16 (mejor en la versión del doctor

Moffat que en la del devocionario anglicano), «los árboles augustos se saturan».

(II) Los judíos, como todos sabemos, creían en un solo Dios, creador del cielo y de la tierra. La Naturaleza y Dios eran dos cosas distintas; Uno había hecho a la otra; Uno gobernaba y la otra obedecía. Esto, como digo, ya lo sabemos todos. Pero, por distintas razones, su verdadero significado puede escapar a un lector moderno si no se guían sus estudios en ciertas direcciones.

En primer lugar, para nosotros es una obviedad. Lo damos por sentado. De hecho, tengo sospecha de que mucha gente asume que ciertas doctrinas de la creación subyacen a todas las religiones: que en el paganismo los dioses, o uno de los dioses, es quien habitualmente crea el mundo, incluso que las religiones suelen comenzar respondiendo a la pregunta: «¿Quién creó el mundo?». En realidad, la creación en un sentido no ambiguo parece ser una doctrina bastante infrecuente; y cuando se dan historias acerca de ella en el paganismo, suelen ser poco importantes desde el punto de vista religioso, y en absoluto el punto central de las religiones en las que la encontramos. Se encuentran en el borde en el que la religión se difumina con lo que tal vez, incluso en su época, se parecía más a un cuento de hadas. En la historia egipcia, un dios llamado Atum salió del agua y, al ser aparentemente hermafrodita, engendró y dio a luz a los dos siguientes dioses; después de ello, las cosas siguieron su curso. En otro, el senado de los dioses en pleno surgió del Nun, el Abismo.

Según un mito babilonio, antes de que fueran creados el cielo y la tierra, un ser llamado Apsu engendró, y otro llamado Tiamat dio a luz a Lahmu y Lahamu, que en consecuencia engendraron a Anshar y Kishar. Se nos cuenta expresamente que esta pareja era más grande que sus padres, con lo que el mito es más bien evolutivo que de creación. En los mitos nórdicos se comienza a partir del fuego y el hielo, y con un norte y un sur, desde los cuales, de alguna manera, llega a la vida un gigante, que da a luz, desde su axila, a un hijo y a una hija. La mitología griega comienza existiendo ya el cielo y la tierra. No menciono todos estos mitos para permitirme una pequeña broma sobre su crudeza. Todo nuestro lenguaje al respecto, tanto el de los teólogos como el de los niños, es crudo. Lo importante es que los mitos, incluso en sus propios términos, no alcanzan en absoluto la idea de la Creación tal como nosotros la entendemos. Las cosas «surgen» de algo o se «forman» a partir de algo. Si pudiéramos suponer, por un momento, que dichas historias son ciertas, aun así seguirían siendo historias acerca de sucesos muy tempranos en el proceso de desarrollo de una historia del mundo que ya estaba en marcha. Cuando se levanta el telón de estos mitos, en el escenario ya existen algunas «propiedades» y ya se está desarrollando la acción. Podría decirse que responden a la pregunta: «¿Cómo empieza la obra?». Pero esa es una cuestión ambigua. Si la planteara alguien que llega diez minutos tarde, podría contestársele, por ejemplo, diciendo: «Bueno, primero entraron tres brujas y después hubo una escena entre un rey anciano y un soldado herido». Ese es el tipo de respuesta que están dando los mitos. Pero existe otra pregunta muy distinta: «¿Cómo se origina la obra? ¿Se escribe a sí misma? ¿Se la inventan los actores a medida que transcurre? ¿O existe alguien —que no está en el escenario, ni es como los que están en el escenario, alguien a quien no vemos— que lo ha inventado todo y ha hecho que todo surgiera?». Esto casi nunca se pregunta ni responde.

Puede admitirse que en Platón encontramos una teología de la Creación en el sentido judío o cristiano del término: el universo —las condiciones concretas de tiempo y espacio bajo las que existe— ha sido creado por la voluntad de un Dios perfecto, eterno e incondicionado que está por encima y fuera de su obra. Pero este es un salto enorme (si bien no conseguido sin la ayuda de Él, que es padre de todas las luces) por un genio teológico sorprendente; no se trata de la religión pagana habitual.

Ahora, por supuesto, todos entendemos la importancia de esta peculiaridad en el pensamiento judío desde un punto de vista estricta y obviamente religioso. Pero todas sus consecuencias, el modo en el que cambia por completo la mente de un hombre y su imaginación, tal vez se nos escapen.

Decir que Dios creó la Naturaleza, al tiempo que relaciona a ambos, también los separa. Lo que crea y lo creado han de ser necesariamente dos cosas distintas, no una. Por eso, la doctrina de la Creación en cierto sentido vacía la Naturaleza de divinidad. De lo difícil que era hacer esto y, aún más, seguir haciéndolo hoy, es algo de lo que no nos damos cuenta fácilmente. Un pasaje de Job (al que no le falta su intrincada poesía) tal vez nos ayude. «Si he mirado al sol cuando resplandecía, o a la luna cuando iba hermosa, y mi corazón se engañó en secreto, mi boca les envió un beso de adoración con mi mano; esto también sería maldad juzgada» (31:26-28). No se aprecia aquí un giro, en un momento de necesidad desesperada, hacia dioses diabólicos. Quien habla se está refiriendo obviamente a un impulso completamente espontáneo, algo que uno podría encontrarse haciendo sin darse cuenta. Rendir pleitesía al sol o la luna es algo aparentemente natural; tan inocente en apariencia. Quizá en ciertas épocas y lugares era en verdad inocente. Me encantaría creer que el gesto de homenaje ofrecido a la luna lo aceptó en ocasiones el Creador; eran las épocas de ignorancia en las que Dios se hacía «de la vista gorda» (Hch 17:30). El autor del libro de Job, sin embargo, no era tan ignorante. Si él se hubiera besado la mano en adoración a la luna, aquello habría sido una infamia. El impulso era una tentación; una que ningún europeo ha sentido en los últimos miles de años.

Sin embargo, en otro sentido, la misma doctrina que vacía la Naturaleza de su divinidad también la convierte en índice, símbolo, manifestación de lo Divino. Debo recordar dos pasajes citados en un capítulo anterior. Uno es el del salmo 19, en el que el sol que busca y limpia es una imagen de la ley que hace lo mismo. El otro es del salmo 36: «Jehová, hasta los cielos llega tu misericordia, y tu fidelidad alcanza hasta las nubes. Tu justicia es como los montes de Dios, tus juicios, como el gran abismo» (vv. 5-6). Seguramente se deba a que los objetos naturales ya no se toman como divinos, sino que ya pueden ser magníficos símbolos de la divinidad. No tiene sentido comparar a un Dios-sol con el sol o a Neptuno con las grandes profundidades; tiene mucho más sentido comparar la ley con el sol o decir que el juicio de Dios es tan abismal y misterioso como el mar.

Pero, por supuesto, la doctrina de la Creación deja a la Naturaleza llena de manifestaciones que mostraban la presencia de Dios y creaban las energías que le servían. La luz es su vestimenta, aquello a través de lo cual le vemos parcialmente (Sal 104:2), el trueno puede ser su voz (29:3-5). Él mora en los nubarrones (18:11), la erupción de un volcán llega en respuesta a su tacto (104:32). El mundo está lleno de sus emisarios y albaceas. Hace de los vientos sus mensajeros y de los fuegos sus servidores (104:4), vuela sobre querubines (18:10) y comanda un ejército de ángeles.

Todo esto es claramente muy cercano al paganismo. Thor y Zeus también hablaban a través de los truenos; Hermes, o Iris, era el mensajero de los dioses. Pero la diferencia entre oír en el trueno la voz de Dios y oír la voz de un dios, aunque sutil, es trascendental. Como hemos visto, incluso en los mitos de la Creación, los dioses tienen un comienzo. La mayoría de ellos tienen padres o madres; a menudo conocemos sus lugares de nacimiento. No se plantea que existan gracias a sí mismos ni que lo hayan hecho desde siempre. Ser es algo que se les ha impuesto, como a nosotros, por causas previas. Son, como nosotros, criaturas o productos; aunque hayan tenido más suerte que nosotros por ser más fuertes, más guapos y estar exentos de morir. Son, como nosotros, actores del drama cósmico, no sus autores. Platón lo entendió perfectamente. Su dios crea a los dioses y los preserva de la muerte por su propio poder; no son mortales en esencia. En otras palabras, la diferencia entre creer en un Dios o en muchos no es aritmética. Como ya ha dicho alguien, dioses no es el plural de Dios; Dios carece de plural. Por eso, cuando lo que oyes en el trueno es la voz de un dios, te estás quedando corto, porque la voz de un dios no es, en realidad, una voz que venga de más allá del mundo, algo externo a la creación. Eliminando la voz del dios —o imaginándolo un ángel, el sirviente del Otro—, uno llega más lejos. El trueno no se convierte en algo menos divino, sino mucho más cercano a Dios. Al vaciar la Naturaleza de divinidad —o, digamos, de divinidades—, tal vez la llenemos de Deidad, pues será desde entonces quien lleve este mensaje. En cierto sentido, el culto a la Naturaleza la silencia: es como si un niño o un salvaje se quedaran tan impresionados por el uniforme del cartero que él omitiera recoger las cartas.

Otro resultado de creer en la Creación es ver la Naturaleza no como un mero dato, sino como un logro. Algunos de los salmistas están encantados con su mera solidez y permanencia. Dios ha dado a sus obras su propio carácter de *emeth*; son herméticas, fieles, fiables, ni vagas ni fantasmales. «Toda su obra es hecha con fidelidad [...]. Porque él dijo, y fue hecho; él mandó, y así fue» (33:4-9). Por su poder (en la versión del doctor Moffatt), «las montañas se crearon firmes y aguantan con fuerza» (65:6). Dios ha dispuesto las bases de la tierra a conciencia (104:5). Él lo ha creado todo firme y permanente imponiendo barreras que limitan el funcionamiento de cada cosa (148:6). Adviértase cómo en el salmo 136 el poeta pasa de la creación divina de la Naturaleza a la liberación de Israel y su huida de Egipto: ambos son grandes hechos, grandes victorias.

Pero el resultado más sorprendente de todos aún no se ha mencionado. Ya he dicho que los judíos, como casi todos los pueblos de la antigüedad, eran agricultores y que se acercaban a la Naturaleza con el interés del jardinero o del granjero, preocupados por la lluvia, pendientes de la hierba «al servicio del hombre», de tener vino con el que brindar y aceite de oliva con el que abrillantar la cara, para que, como dice Homero en alguno de sus pasajes, pareciera una cebolla pelada (104:14-15). Pero encontramos que se engañan más allá de esto. Su entusiasmo, o incluso su gratitud, abraza cosas que no le sirven de nada al hombre. En el gran salmo especialmente dedicado a la Naturaleza que acabo de citar (104),[1] encontramos no solo el ganado útil, el vino que nos alegra y el maíz nutritivo. Tenemos fuentes en las que los asnos

---

1. Véase Apéndice l.

salvajes alivian su sed (v. 11), cedros para las cigüeñas (v. 17), altos montes para las cabras y «conejos» (quizá marmotas, v. 18), incluso leones (v. 21); y, echando un vistazo al mar, hasta donde ningún judío iba voluntariamente, animales grandes jugando y disfrutando (v. 26).

Por supuesto, esta apreciación, esta compasión casi, de las criaturas inútiles o dañinas o completamente irrelevantes para el hombre, no se corresponde con nuestra actual «amabilidad con los animales». Es una virtud practicada más bien por aquellos que, cansados y hambrientos, nunca han tenido que trabajar con animales para ganarse la vida y que habitan una zona en la que las peligrosas bestias salvajes ya han sido exterminadas.[2] El sentimiento judío, sin embargo, es vívido, fresco e imparcial. En las historias nórdicas, se tiende a concebir una criatura pestilente, como un dragón, como el enemigo no solo de los hombres, sino también de los dioses. En las historias clásicas, de forma más inquietante, lo suele haber enviado un dios para los hombres, a los que guarda rencor. El punto de vista objetivo del salmista —que habla de los leones y las ballenas al lado de los hombres y del ganado

---

2. Que el cielo impida, no obstante, que nadie piense que la estoy despreciando. Solo pretendo decir que para aquellos de nosotros que únicamente vemos las bestias como mascotas de compañía no es una virtud preciada. Puede que nos culpen si carecemos de ella, pero tampoco debemos darnos palmaditas en la espalda si la tenemos. Si un esforzado pastor o ganadero es amable con los animales, se le podrá dar una palmada de reconocimiento; a él, no a nosotros.

de los hombres— es inusual. Y creo que se ha llegado a él a través de la idea de Dios Creador y garante de todo. En 104:21, lo que les ocurre a los leones es que ellos, como nosotros, van «reclamando a Dios su comida». Todas estas criaturas, como nosotros, «esperan» que Dios los alimente (v. 27). Ocurre lo mismo en 147:9; aunque el cuervo era un ave sucia para los judíos, Dios alimenta«a los hijos crías de los cuervos cuando graznan». El pensamiento que da a estas criaturas un lugar en el entusiasmo por la naturaleza del autor de los salmos es obvio. Son dependientes, al igual que nosotros; todos nosotros —leones, cigüeñas, cuervos, ballenas— vivimos, como dicen nuestros padres, «a cargo de Dios», y la mención de esta igualdad redunda en su alabanza.

Una prueba curiosa refuerza mi creencia de que existe una conexión entre este tipo de poesía de la Naturaleza y la doctrina de la Creación; y es tan interesante en sí misma que creo que bien merece una digresión. He dicho que el paganismo en general no consigue extraer de la Naturaleza algo que los judíos sí lograron. Existe un ejemplo aparentemente contrario: un antiguo poema gentil que ofrece un paralelismo cercano al salmo 104. Pero, al examinarlo, encontramos que este poema no es en absoluto pagano en el sentido politeísta. Está dirigido a un Dios monoteísta y le saluda como el Creador de toda la tierra. Con lo que no constituye una excepción a mi regla general. Mientras la antigua literatura gentil (hasta cierto punto) anticipa la poesía de la Naturaleza de los judíos, también (hasta cierto punto) ha anticipado su teología. Y eso, desde mi punto de vista, es lo que podríamos haber esperado.

El poema en cuestión es *Himno al Sol*, egipcio, que data del siglo XIV a. C. Su autor es el faraón cuyo verdadero nombre era Amenhotep IV, pero que se hizo llamar Akhenatón. Muchos de mis lectores ya conocerán esta historia. Fue un revolucionario espiritual. Rompió con el politeísmo de sus padres y casi desgarró Egipto en pedazos en su esfuerzo por instalar el culto a un solo Dios. A los ojos de los sacerdotes establecidos, cuyas propiedades transfirió al servicio de su nueva religión, debió de ser un monstruo; una especie de Enrique VIII saqueando abadías. Su monoteísmo parece que fue extremadamente puro y conceptual. Ni siquiera identificó, como se podría esperar que lo hiciera alguien de esa época, a Dios con el Sol. El disco visible solo era su manifestación. Es un salto sorprendente, en ciertos aspectos mucho más que el de Platón, y, al igual que este, en fuerte contraste con el paganismo ordinario. Hasta donde sabemos, fue un fracaso absoluto. La religión de Akhenatón murió con él. Aparentemente, nada surgió de ella.

Salvo, por supuesto, que, como parece posible, parte del judaísmo surgiera de esa religión. Es concebible que las ideas derivadas del sistema de Akhenatón formaran parte de esa «sabiduría» egipcia en la que fue alimentado Moisés. No hay nada que nos niegue esa posibilidad. Lo que rigiera en el credo de Akhenatón le llegó, de una forma u otra, como llega la verdad a todos los hombres, de Dios. No existe razón para pensar que las tradiciones que descendían de Akhenatón no debieran haber estado entre los instrumentos que usó Dios para darse a conocer a Moisés. Pero no tenemos pruebas de que esto fuera lo que ocurrió de verdad. Ni tampoco sabemos cómo el akhenatonismo pudo servir como instrumento para este propósito. Su interior, su espiritualidad, la calidad de la vida desde la que se desarrolló y que lo animó, se nos escapa. El propio personaje histórico sigue teniendo la capacidad, después de treinta y cuatro siglos, de evocar las reacciones más violentas y contradictorias. Para un erudito moderno, él es «el primer individuo» cuya historia está registrada; para otros, fue alguien raro, maniático, medio loco y que posiblemente viviera afectado de cretinismo. Confiemos en que fuera aceptado y bendecido por Dios; pero que su religión, desde el punto de vista histórico, no fue tan bendecida ni tan aceptada parece muy evidente. Quizá la semilla fuera buena pero cayera en tierra árida. O quizá no fuera, después de todo, exactamente el tipo de semilla adecuado. Para nosotros, los modernos, sin duda, un monoteísmo tan sencillo, iluminado y razonable se parece mucho más a la buena semilla que estos primeros documentos del judaísmo en los que Yahvé recuerda más bien a una deidad tribal. Puede que nos equivoquemos. Quizá si el hombre ha de conocer finalmente los cimientos abstractos, eternos y trascendentes del universo, no como a una mera abstracción filosófica, sino como al Señor que, a pesar de su trascendencia, no está lejos de ninguno de nosotros, como a un ser plenamente concreto (mucho más concreto que nosotros) al que el hombre debe temer, amar, dirigirse y «degustar», tal vez tenga que empezar de un modo mucho más humilde y más cercano a su hogar, mediante el altar local, las fiestas tradicionales y los preciosos recuerdos de los juicios, las promesas y la compasión de Dios. Es posible que cierta iluminación apareciera demasiado pronto y con demasiada facilidad. En aquella época tal vez no fuera fructífero tipificar a Dios con nada tan remoto, tan neutral, tan internacional y (si acaso) interconfesional, tan carente de rasgos, como el disco solar. Sin embargo, como al final vamos a llegar al Bautismo y la Eucaristía, al portal de Belén, a la colina del Calvario y a la tumba vacía, quizá sea mejor comenzar con la circuncisión, el paso del mar Rojo, el Arca y el Templo. Porque «lo más alto no se sostiene sin lo más básico». Ni se sostiene ni permanece; más bien se alza, se expande y finalmente se pierde en el espacio infinito. Porque la entrada es baja: para poder pasar debemos agacharnos hasta que no seamos más altos que un niño.

Por eso sería duro asumir que el monoteísmo de Akhenatón era, en esos aspectos más importantes desde un punto de vista religioso, una anticipación exacta de lo judío; si los sacerdotes y el pueblo egipcio lo hubieran aceptado, Dios podría haber prescindido de Israel y haberse revelado a nosotros a través de una larga lista de profetas egipcios. Lo que nos preocupa de momento, sin embargo, es simplemente resaltar que la religión de Akhenatón, siendo en ciertos aspectos como la de los judíos, le libera para escribir poesía de la Naturaleza hasta cierto grado como la de ellos. El grado podría exagerarse. El *Himno al Sol* sigue siendo muy distinto de los salmos. Recuerda de forma extraordinaria al salmo 139 (vv. 13-16) cuando alaba a Dios por hacer que el embrión crezca en el cuerpo de la madre, de forma que Él «nos cuide ya desde el útero»; o por enseñar al polluelo a romper el cascarón y salir de él «piando tan fuerte como pueda». En el versículo «Tú creaste la tierra según tus deseos», Akhenatón se adelanta incluso al Nuevo Testamento: «tú creaste todas las cosas, y por tu voluntad existen y fueron creadas» (Ap 4:11). Pero él no ve a los leones como nuestros iguales a la hora de ser alimentados. Sí los incluye, por cierto, pero véase cómo: «Cuando tú te ocultas, el mundo cae en las tinieblas, como los muertos. Salen los leones y pican las serpientes». Así, emparejados con la muerte y las serpientes venenosas, se los imagina como enemigos. Casi parece que la misma noche fuera un enemigo, lejos del alcance de Dios. Existe un resto de dualismo. Pero si hay una diferencia, también el parecido es real. Y es ese parecido lo relevante para el tema de este capítulo. En Akhenatón, como en el Libro de los Salmos, un cierto tipo de poesía parece emparejarse con cierto tipo de teología. Pero el desarrollo pleno y duradero de ambos es judío.

(Mientras tanto, ¿qué corazón gentil puede abandonar el tema sin pedir que este anciano y solitario rey, por muy maniático y doctrinario que fuera, haya conocido y ahora disfrute esa verdad que tanto trasciende lo que él pudo atisbar?).

UNAS PALABRAS SOBRE
LAS ALABANZAS

ES POSIBLE (y ha de esperarse) que este capítulo resulte innecesario para la mayoría de la gente. Aquellos que nunca hayan sido tan duros de entendimiento como para comprender la dificultad de la que se ocupa quizá lo encuentren incluso divertido. No tengo la menor objeción a sus risas; un alivio cómico en una discusión no hace daño a nadie, por muy serio que sea el asunto que se debata. (En mi experiencia personal, las cosas más divertidas me han ocurrido en las conversaciones más graves y sinceras).

Cuando empecé a acercarme a la creencia en Dios e incluso tiempo después de que esta se me hubiera otorgado, encontré un escollo en la clamorosa exigencia que todas las personas religiosas me hacían de que debíamos alabar a Dios; y aún más en la sugerencia de que era el propio Dios quien lo demandaba. Todos despreciamos a aquel que continuamente insiste en que se le confirmen sus propias virtudes, muestras de inteligencia o maravillas; y aún despreciamos más a las masas que rodean a cada dictador, millonario, famoso, que complacen dicha petición. Por eso amenazaba con aparecérseme en la cabeza una imagen, al tiempo ridícula y horrible, tanto de

Dios como de sus fieles. Los salmos me resultaron especialmente problemáticos en este aspecto: «Alaba al Señor», «Alaba al Señor conmigo», «Alábale». (¿Y por qué con tanta frecuencia alabar a Dios consistía en pedir a otros que hicieran lo mismo?). Peor aún era la afirmación puesta en boca de Dios, «El que ofrece sacrificios de alabanza me glorifica» (50:23). Era tan terrible como decir: «lo que más deseo es que me digan que soy bueno y grande». Y lo peor de todo era la sugerencia del estúpido regateo pagano, la del salvaje que hace ofrendas a su ídolo cuando la pesca ha sido buena y le golpea cuando no ha picado nada. Más de una vez los salmistas parecían estar diciendo: «Te gusta que te alaben. Pues haz esto por mí, y yo te alabaré». Por eso en el salmo 54 el poeta comienza diciendo: «Sálvame» (v. 1), y en el versículo 6 añade un incentivo: «De todo corazón te ofreceré sacrificios; alabaré tu nombre». Una y otra vez quien habla pide ser salvado de la muerte basándose en que, si Dios deja morir a quienes le suplican, no obtendrá ya más alabanzas de ellos, porque los espectros en el Seol no pueden alabar (30:10; 88:10; 119:175). La mera cantidad de alabanzas parece ser importante: «Siete veces al día te alabo» (119:164). Era angustiante. Te hacía pensar lo que no querías imaginar. La gratitud a Dios, la reverencia, la obediencia a Él, las podía entender; pero este elogio perpetuo, no. Además, estos asuntos tampoco los había tratado algún autor moderno que me explicara el «derecho» que tenía Dios a ser alabado.

Sigo pensando que hablar de «derecho» no es la mejor forma de expresarlo, pero creo que entiendo lo que el autor quiso decir. Quizá sea más fácil comenzar con objetos inanimados que no tienen derechos. ¿Qué queremos decir cuando nos referimos a una pintura como «admirable»? Evidentemente, no queremos decir que es admirada (aunque pueda serlo), ya que miles de personas admiran obras malas y las buenas se pueden ignorar. Tampoco que «merezca» admiración en el sentido en el que un candidato «merece» una calificación alta por parte de los examinadores, pues no se comete una injusticia con un ser humano si no se le da un premio. El sentido en el que la obra «merece» o «reclama» admiración es más bien este: la admiración es la respuesta correcta o apropiada a ella; que, si fuera de pago, la admiración no se estaría «tirando a la basura» y que, si no la admiramos, será que somos tontos, insensibles y grandes perdedores, pues nos habremos perdido algo de valor. En ese sentido se puede decir de muchos objetos, tanto de la Naturaleza como del Arte, que merecen, son dignos de, o reclaman admiración. Es desde este punto, que algunos considerarán irreverente, desde el que encontré un mejor enfoque de la idea de que Dios «pide» alabanzas. Él es ese objeto al que admirar (o, si se prefiere, apreciar) significa estar despierto, formar parte del mundo; y al que no admirarlo representa haberse perdido la mayor experiencia, y al final haberlo perdido todo. Las vidas incompletas y traumatizadas de aquellos que son sordos, nunca han estado enamorados, nunca han conocido la verdadera amistad, nunca les ha importado un buen libro, nunca han disfrutado con la brisa matutina en la cara, nunca han disfrutado del fútbol (y soy uno de esos), no son más que débiles reflejos.

Pero, por supuesto, esto no lo es todo. Dios no solo «reclama» alabanzas como lo haría el objeto supremamente bello y que todo lo satisficiera. Aparentemente lo ordena como legislador. A los judíos se les pedían sacrificios. A nosotros, ir a la iglesia. Pero esto me suponía una dificultad, porque entonces yo no entendía nada de lo que he intentado contar en el capítulo 5. No veía que es en el proceso de rendirle culto donde Dios comunica su presencia a los hombres. No es el único modo. Pero para mucha gente en muchas épocas «la hermosura de Jehová» se revela principalmente o únicamente cuando le rinden culto juntos. Incluso en el judaísmo la esencia del sacrificio no era en realidad que los hombres otorgaran toros y cabras a Dios, sino que, haciéndolo, Dios se entregara a sí mismo a los hombres; en el acto central de nuestro propio culto esto es obviamente más claro: manifiestamente, incluso físicamente, es Dios quien da y nosotros los que recibimos. Esa idea tan lamentable de que Dios de una u otra forma necesita, o anhela, nuestro culto como una mujer presumida los cumplidos, o un autor vanidoso presenta sus nuevos libros a personas que no le conocen o no han oído hablar de él, se responde de forma implícita con la frase «Si yo tuviese hambre, no te lo diría a ti» (50:12). Incluso si pudiera concebirse una deidad tan absurda, no vendría a nosotros, las más simples de sus criaturas racionales, a saciar su apetito. Yo no querría que los ladridos de mi perro aprobaran mis libros. Ahora que pienso en ello, existen seres humanos cuyo entusiasmo en las críticas favorables tampoco me satisface mucho.

Pero el hecho más obvio acerca de las alabanzas —ya sean a Dios o a cualquier otra cosa— se me escapa de forma extraña. Pensé en ellas en términos de cumplido, aprobación u honor. Nunca había advertido que todo placer deriva espontáneamente en alabanzas hasta que (a veces incluso aunque) la timidez o el miedo a aburrir a otros nos hace reprimirlas. El mundo se mueve gracias a las alabanzas —los amantes elogian a sus parejas, los lectores a sus poetas preferidos, los caminantes al paisaje, los jugadores a su deporte favorito; se alaba el clima, los vinos, la comida, los actores, los motores, los caballos, las universidades, el campo, los personajes históricos, los niños, las flores, las montañas, los sellos raros, los escarabajos de especies infrecuentes, incluso a algunos políticos o eruditos—. No me había dado cuenta de cómo las mentes más humildes, y al mismo tiempo más sensatas y capaces, alababan continuamente, mientras los cascarrabias, los inadaptados y los descontentos alababan menos. De cómo los buenos críticos encontraban algo que elogiar en muchos libros imperfectos; y los malos continuamente constreñían la lista de libros que uno debería leer. El hombre sano y natural, aunque haya recibido una educación lujosa y tenga amplia experiencia en alta cocina, alabará una comida modesta; el desdeñoso y esnob le encontrará fallos a todo. Excepto cuando interfieran circunstancias adversas intolerables, los elogios parecen ser una muestra de salud interna en voz alta. Y no deja de ser así cuando, a pesar de la falta de destreza, las formas de su expresión sean zafias o ridículas. Bien sabe Dios que muchos poemas de alabanza dirigidos a una amada terrenal son tan malos como nuestros peores himnos y que una antología de poemas de amor de uso perpetuo y público sería una prueba tan dura para el gusto literario como *Himnos Antiguos y Modernos*.[1] Tampoco me había dado cuenta de que, del mismo modo que los seres humanos alabamos espontáneamente lo que valoramos, con la misma espontaneidad urgimos a que otros se unan a nuestros elogios: «¿No es estupendo? ¿No fue increíble? ¿No lo ves magnífico?». Los redactores del Libro de los Salmos, al pedirle a todo el mundo que alabe a Dios, están haciendo lo que hacemos todos al hablar de algo que nos importa. Mi mayor y más generalizada dificultad con la alabanza a Dios dependía de mi absurda idea de negarnos, en lo que respecta a lo supremamente Valioso, lo que nos encantaría hacer, lo que de hecho no podemos evitar hacer, con el resto de las cosas que valoramos.

Creo que nos gusta elogiar lo que disfrutamos porque la alabanza no solo expresa, sino que también

---

1. Antología de cánticos religiosos usada en la Iglesia anglicana. [*N. del t.*].

completa, el placer; es el reconocimiento de su consumación. Que los amantes se digan continuamente lo bellos que son no se debe a un cumplido, sino a que su placer es incompleto hasta que se expresa. Es frustrante haber descubierto a un nuevo autor y no poder contarle a nadie lo bueno que es; encontrarse, al doblar una curva de la carretera, con un valle montañoso de una grandeza inesperada y tener que guardar silencio porque a quienes están contigo les importa menos que nada; escuchar un buen chiste y no encontrar a nadie con quien compartirlo (quien mejor lo habría entendido murió hace un año). Esto es así incluso cuando nuestras expresiones son inadecuadas, como, por supuesto, suele ocurrir. Pero ¿y si uno pudiera elogiar real y plenamente incluso esas cosas hasta la perfección, si pudiera «sacar de su interior» completamente en forma de poesía o música esa ola de apreciación que está a punto de explotarnos dentro? Entonces el objeto podría ser plenamente apreciado y nuestro placer habría obtenido un desarrollo perfecto. Cuanto más valioso fuera el objeto, más intenso sería el placer. Si fuera posible para un alma creada «apreciar» con plenitud (quiero decir, hasta la medida concebible en un ser finito), es decir, amar y obtener placer, el objeto más valioso de todos, y simultáneamente en todo momento dar a este placer la expresión perfecta, entonces esa alma estaría en beatitud suprema. Es a lo largo de estas líneas donde encuentro más fácil entender la doctrina cristiana de que el «cielo» es un estado en el que los ángeles ahora, y los hombres después, se dedican exclusivamente a alabar a Dios. Esto no quiere decir, como puede mal sugerir, que es como «estar en la iglesia». Porque nuestros servicios, tanto en su conducta como en nuestra capacidad de participar, son meros intentos de culto; nunca por completo satisfactorios, a menudo fracasos en su 99,9 %, y, a veces, fracasos absolutos. No somos jinetes. sino alumnos en la escuela de equitación; para la mayoría de nosotros, la caídas y los moratones, las agujetas y la severidad del ejercicio sobrepasan con mucho los pocos momentos en los que estamos, para nuestra sorpresa, galopando realmente sin terror y sin un final desastroso. Para ver lo que de verdad quiere decir la doctrina debemos suponer que estaría en perfecta comunión con Dios, ebrios, sumergidos, disueltos en ese placer que, lejos de permanecer encerrado en nuestro interior e incomunicado, y por tanto difícilmente tolerable, es una dicha que fluye desde nosotros de manera incesante una y otra vez sin esfuerzo y en perfecta expresión, un gozo que ya no se podrá separar de las alabanzas en que se libera y pronuncia más de lo que el esplendor que recibe un espejo puede distanciarse del resplandor que emite. El catecismo escocés dice que el principal objetivo del hombre es «glorificar a Dios y disfrutar de Él por siempre». Pero hemos de saber que ambas cosas son lo mismo. Disfrutar plenamente de Él es glorificarle. Al ordenarnos que le glorifiquemos, Dios nos está invitando a disfrutar de Él.

Mientras tanto, por supuesto, estamos simplemente, como dice Donne,[2] afinando nuestros instrumentos. Afinar la orquesta puede ser placentero en sí mismo, pero solo para aquellos que pueden, en cierta medida, aunque sea pequeña, anticipar la sinfonía. Los sacrificios judíos, e incluso nuestros más sagrados ritos, al tener lugar dentro de la experiencia humana, son, como el afinamiento, una promesa, no la representación. De ahí que, como el hecho de afinar, puedan encerrar mucha obligación y muy poco placer; o ninguno. Pero la obligación existe para el placer. Cuando llevamos a cabo nuestras «obligaciones religiosas», somos como las personas que cavan canales en una tierra estéril, en el sentido en que, cuando por fin brote el agua, debe encontrarlos preparados. En su mayoría, al menos. Existen momentos felices, incluso hoy en día, en los que un poco de líquido moja las camas secas; y almas felices a las que esto les sucede con frecuencia.

Y en cuanto al regateo que aparece en los salmos («Haz esto y yo te alabaré»), esta pizca de paganismo sí existía. La llama no asciende pura desde el altar. Pero las impurezas no forman parte de su esencia. Y no estamos en posición de despreciar ni siquiera a los más crudos entre los redactores de los salmos. Claro que nosotros no cometeríamos errores tan graves hablando. Pero sí existe, tanto para bien como para mal, un tipo de oración muda. Con frecuencia, de rodillas, me he sorprendido al ver qué tipo de pensamientos me venían a la cabeza al tiempo que me estaba dirigiendo

2. John Donne (1572-1631), poeta inglés. [*N. del t.*].

a Dios; qué excusas más infantiles le estaba ofreciendo; qué afirmaciones mantenía, incluso qué acuerdos absurdos o compromisos estaba, no del todo consciente, proponiendo. Existe un corazón pagano, salvaje, dentro de mí. Porque, por desgracia, la locura y astucia del paganismo parece tener más capacidad de supervivencia que sus elementos inocentes o bellos. Es fácil, una vez que se tiene el poder, silenciar las flautas, detener las danzas, desfigurar las estatuas y olvidar las historias; pero no es fácil matar a la criatura salvaje, avariciosa, asustadiza que a veces se encoge y a veces brama en el alma de uno: esa criatura a la que Dios bien podría decir: «¿Pensabas que de cierto sería yo como tú?» (50:21).

Pero todo esto, como ya he dicho antes, iluminará tan solo a unos pocos de mis lectores. A otros, esta comedia de errores, este viaje tan tortuoso para llegar a algo obvio, les ofrecerá una ocasión para reírse generosamente.

SEGUNDOS SIGNIFICADOS

Ahora debo ocuparme de algo mucho más difícil. Hasta aquí hemos intentado leer los salmos como suponemos —o supongo— que sus redactores pretendieron que se leyesen. Pero, por supuesto, este no es el principal modo en que los han usado los cristianos. Se ha creído que contenían una segunda acepción, un significado oculto, un sentido «alegórico», en relación con las verdades centrales de la cristiandad, con la encarnación, la pasión, la resurrección, la ascensión y la redención de los hombres. Todo el Antiguo Testamento se trató del mismo modo. El pleno significado de lo que sus escritores redactaron aparece, según este criterio, solo a la luz de los hechos sucedidos tiempo después de que ellos murieran.

Una doctrina así provoca, no sin razón, una profunda desconfianza en la mente moderna. Porque, como bien sabemos, uno puede llegar a deducir casi cualquier cosa de un libro si está suficientemente convencido de ello. De esto se dará cuenta sobre todo cualquiera que haya escrito obras de ficción fantástica. Encontrará críticos, ya sean favorables u hostiles, que extraerán de sus historias toda clase de sentidos alegóricos que él nunca pretendió poner. (Algunas de las alegorías que se achacaron por esta vía a mis libros han sido tan ingeniosas e interesantes que con frecuencia he deseado que se me hubieran ocurrido a mí). Parece ser que al ingenio humano le resulta imposible inventar una narración en la que la inteligencia de otra persona no pueda, de forma verosímil, encontrar un sentido oculto.

Por este motivo, el terreno de la autodecepción, una vez aceptado ese método de interpretación, es obviamente muy amplio. A pesar de ello, veo imposible —por un motivo que aportaré más adelante— abandonar el método completamente cuando estamos abordando, como cristianos, la Biblia. Tenemos delante de nosotros una empinada montaña. Pero no la afrontaremos por los acantilados. Habrá que tomar un camino circular que al principio nos parecerá que no va a llevarnos a la cima.

Comenzaré muy lejos de las Escrituras e incluso de la cristiandad, con ejemplos de cosas dichas o escritas que pueden adquirir un significado nuevo a la luz de hechos posteriores.

Uno de los historiadores romanos nos cuenta la historia de un fuego en una ciudad de provincias que se creyó se había originado en los baños públicos. Lo que dio color a la sospecha de incendio deliberado fue el hecho de que, más temprano ese día, un caballero se había quejado de que el agua de la terma caliente no estaba más que tibia, y había recibido del encargado la respuesta de que «pronto estaría bastante caliente». Por supuesto, de haber existido una trama, que el esclavo formara parte de ella y que fuera lo suficientemente tonto como para arriesgarse a que le descubrieran a cambio de esa velada amenaza, no nos ocuparíamos ahora de esta historia. Pero supongamos que el fuego fue un accidente (es decir, que no fue provocado por nadie). En ese caso, el esclavo habría dicho algo más cierto, o igual de cierto pero más importante, de lo que él suponía. Obviamente, lo normal es que no haya sido más que una coincidencia. La respuesta del esclavo se explica por la queja del cliente; es lo que diría cualquier encargado de baños. El significado más profundo que resultaron tener sus palabras en las horas siguientes fue, como hemos dicho, accidental.

Pongamos ahora un ejemplo más complejo. (El lector no habituado a textos clásicos ha de saber que, para los romanos, la «edad» o «reino» de Saturno significaba la época, ya perdida, de la inocencia y la paz. Esto es, se correspondía con el jardín del Edén antes de la expulsión; aunque nunca fue, salvo para los estoicos, de una importancia en absoluto comparable). Virgilio, en un escrito no muy anterior al nacimiento de Cristo, comienza un poema de esta forma: «La gran procesión de las épocas comienza de nuevo. Retorna la Virgen, retorna el reino de Saturno y el nuevo niño desciende desde los cielos». Continúa describiendo la época paradisíaca cuyo comienzo marca este nacimiento. Por supuesto, durante la Edad Media se dio por sentado que a Virgilio le había llegado una oscura profecía sobre el nacimiento de Cristo, probablemente a través de los Libros Sibilinos. Y quedó catalogado entre los profetas paganos. Supongo que los estudiosos actuales se reirían de la idea. Puede que difirieran sobre qué pareja noble o imperial estaba siendo halagada de esta forma tan extraña por un poeta de la corte en el nacimiento de su hijo; pero todo parecido con el nacimiento de Cristo se vería, una vez más, como accidental. Por no decir que se trata de una casualidad mucho más asombrosa que las palabras del esclavo en los baños. Si se trata de suerte, es una suerte extraordinaria. Si uno fuera un fanático opuesto al cristianismo, le tentaría decir, en un momento de descuido, que fue algo diabólicamente afortunado.

Me ocuparé ahora de dos ejemplos que considero están en un nivel distinto. En ellos, como en aquellos que hemos estado considerando, alguien dice algo más cierto e importante de lo que él cree; pero que en estos casos no me parece que lo haya podido decir por casualidad. Me adelanto a añadir que la alternativa a la casualidad que tengo en la mente no es la «profecía» en el sentido de una visión previa y clara, recibida de forma milagrosa. Ni por supuesto tengo la mínima intención de usar los ejemplos que citaré como pruebas de la verdad del cristianismo. Aquí no nos ocupamos de las pruebas. Estamos simplemente considerando cómo deberíamos mirar ese segundo significado que a veces adquiere lo escrito o lo dicho a la luz de un conocimiento mayor que el que el autor poseía. Lo que sugiero es que distintos ejemplos reclaman que los entendamos de distintas formas. En ocasiones veremos este trasfondo como el resultado de una simple coincidencia, aunque sea asombrosa. Pero habrá otros casos en los que la verdad posterior (que el redactor no conoció en su momento) esté íntimamente relacionada con la verdad que sí conocía; de tal forma que, al ocurrírsele, él entraba en contacto con la misma realidad en la que se arraigaba la verdad más plena. Al leer sus palabras a la luz de esa verdad más plena y al escucharla como un trasfondo o un segundo significado, no le estamos otorgando algo ajeno a su mente, una adición arbitraria. Estamos prolongando su significado en una dirección que le es congénita. La realidad básica tras estas palabras y tras la verdad plena es una y la misma.

El estatus que reclamo para ese tipo de situaciones, por tanto, no es ni el de coincidencia, por un lado, ni el de visión supernatural, por otro. Trataré de ilustrarlo con tres casos imaginarios. (I) Un santo, que afirma explícitamente estar profetizando gracias al Espíritu, nos dice que en el universo existe esta criatura y esta otra. Después aprendemos (lo que estaba prohibido por Dios) a viajar en el espacio y a distribuir por nuevos mundos el vómito de nuestra propia corrupción; y, claro, en un planeta remoto de una constelación remota, encontramos la criatura. Esto sería una profecía en sentido estricto. Sería la prueba del don milagroso del profeta y una sólida prueba que nos hiciera presumir la verdad del resto de cosas que haya dicho. (II) Un escritor de fantasías nada científicas inventa una criatura por razones puramente artísticas. Más tarde, descubrimos una criatura que puede reconocerse en ella. Estaríamos solo ante la suerte del escritor. Aunque alguien no sepa nada de carreras, puede acertar una vez en su vida apostando por el caballo ganador. (III) Un gran biólogo, ilustrando la relación entre los organismos animales y su medio ambiente, inventa para este propósito un animal hipotético adaptado a un entorno hipotético. Más tarde, encontramos una criatura muy parecida (por supuesto, en un ambiente como el que él había supuesto). Este parecido no es en absoluto accidental. Fueron la perspicacia y el conocimiento, no la suerte, lo que le llevó a su invención. La verdadera naturaleza de la vida explica tanto por qué existe una criatura así en el universo como por qué existía una criatura así en sus lecciones. Si, al tiempo que releemos las lecciones, pensamos en la realidad, no estaremos volcando nuestros gustos arbitrarios sobre el texto, ya que el segundo significado le es congénito. Los ejemplos que tengo en la mente se corresponden con este tercer caso; si bien, como vemos, en ellos se incluye algo más sensible y personal que el conocimiento científico: aquello que era el escritor o narrador, y no solo aquello que él sabía.

En *La república*, Platón argumenta que a menudo se elogia la justicia por las recompensas que trae —honor, popularidad, cosas así—, pero que para verla en su verdadera naturaleza debemos separarla de ellas, dejarla desnuda. Por ello nos pide que imaginemos a un hombre perfectamente justo al que todo

lo que le rodea le tratara como si fuera un mons-
truo loco. Debemos imaginárnoslo, si bien perfecto,
atado, azotado y finalmente empalado (el equivalente
persa a la crucifixión). Llegados a este pasaje, un lec-
tor cristiano se frotaría los ojos. ¿Qué sucede? ¿Otra
coincidencia más? Pero en ese momento ve que hay
algo aquí que no se puede considerar en absoluto una
cuestión de suerte.

Virgilio, en el poema que he citado, puede haber es-
tado, así como el esclavo de los baños estaba con casi
toda certeza, «hablando de otra cosa», un asunto dis-
tinto de aquel cuyas palabras eran ciertas en un sen-
tido más importante. Platón habla, y sabe que habla,
del destino de la bondad en un mundo alocado e inca-
paz de comprender. Pero eso no es más que la Pasión
de Cristo. Es lo mismo que aquello de lo que la Pasión
es la suprema ilustración. Si a Platón le motivó a es-
cribir de ello, hasta cierto punto, la reciente muerte
—casi podríamos hablar de martirio— de su maestro
Sócrates, entonces, de nuevo no estamos hablando
de otra cosa que de la Pasión de Cristo. La imper-
fecta, aunque venerable, bondad de Sócrates le llevó a
la muerte dulce de la cicuta, del mismo modo que la
perfecta bondad de Cristo le condujo a la muerte en
la cruz, no por casualidad, sino por la misma razón;
porque la bondad es lo que es, y por ello el mundo
perdido es lo que es. Si Platón, partiendo de un ejem-
plo y de su comprensión de la naturaleza de la bon-
dad y de la naturaleza del mundo, se engañó al creer
en la posibilidad de un ejemplo perfecto, y por tanto

de representar algo tan extremadamente parecido a la Pasión de Cristo, esto no sucedió gracias a una cuestión de suerte, sino porque era sabio. Si un hombre que solo conociera Inglaterra —y que hubiera observado que cuanto más alta es una montaña durante más tiempo se mantiene la nieve en primavera— supusiera una montaña tan alta que retuviera la nieve durante todo el año, la similitud entre la montaña imaginada y los Alpes reales no sería una mera coincidencia. Podría no conocer la existencia de tales montañas en la realidad; como probablemente Platón no sabía que el ejemplo idealmente perfecto de bondad crucificada que había representado se convertiría en actual e histórica. Pero si el hombre llegara a ver los Alpes, no diría: «¡Qué coincidencia!». Lo que probablemente diría es: «¡Ves! ¿No te lo dije?».

¿Y quiénes somos nosotros para hablar de aquellos dioses de mitologías paganas que una vez asesinados se levantan de nuevo y quienes de esa forma renuevan o transforman la vida de sus fieles o de la naturaleza? Lo raro es que aquí esos antropólogos más hostiles a nuestra fe estarían de acuerdo con muchos cristianos en decir que «el parecido no es accidental». Por supuesto, ambas partes dirían lo mismo por distintos motivos. Los antropólogos querrían decir: «Todas estas supersticiones tienen una fuente común en la mente y la experiencia, especialmente la experiencia agraria, la de los hombres primitivos. Tu mito de Cristo es como el de Bálder porque tiene el mismo origen. El parecido no es más que un aire de familia». Los cristianos se dividirían en dos escuelas de pensamiento. Los primeros padres (o algunos de ellos), que creían que el paganismo no era sino obra directa del diablo, dirían: «El diablo ha intentado desde el principio descarriar a la humanidad con sus mentiras. Como todos los mentirosos consumados, elabora sus mentiras tan parecidas a la verdad como puede; una vez que engaña al hombre respecto al tema principal, cuanto mejor imite la verdad, más efectivo será. Por eso le llamamos el imitador de Dios; porque siempre trata de copiarle. El parecido de Adonis con Cristo no es, por tanto, accidental en absoluto; es el parecido que esperamos encontrar entre una falsificación y algo auténtico, entre una parodia y el original, entre las perlas de imitación y las de verdad». Otros cristianos que piensan, como yo, que en la mitología los elementos divinos, diabólicos y humanos, todos, desempeñan un papel, dirían: «No es casualidad. En la secuencia del día y la noche, en la muerte anual de los cultivos y su renacimiento, en los mitos que estos procesos alimentan, en ese sentimiento fuerte, sí medio expresado (encarnado en muchos misterios paganos), de que el hombre debe sufrir una especie de muerte si quiere vivir de verdad, existe ya un parecido permitido por Dios con esa verdad de la que todo depende. El parecido entre estos mitos y la verdad cristiana no es más accidental que el parecido entre el sol y su reflejo en un estanque, o entre un hecho histórico y su tergiversada versión que vive en la conciencia popular, o entre los árboles y las colinas del mundo real y los de nuestros sueños». Por eso los tres puntos de vista parecidos mirarían a «los cristos paganos» y al Cristo verdadero como cosas realmente relacionadas encontrando relevante el parecido.

En otras palabras, cuando examinamos cosas dichas que adquieren, a la luz de un conocimiento posterior, un significado que no podían haber tenido para aquellos que las dijeron, estas pueden ser de distintas clases. Por cierto, pertenezcan a la clase que pertenezcan, a menudo podemos leerlas teniendo presente ese segundo significado. Si yo pienso (como no puedo evitar hacerlo) en el nacimiento de Cristo al leer el poema de Virgilio, o incluso si lo hago parte de mis lecturas navideñas habituales, puede que esto sea sensato y edificante. Pero el parecido que hace posible una lectura así puede, después de todo, no ser más que una coincidencia (aunque no estoy seguro de que lo sea). Puedo estar extrayendo de Virgilio algo completamente irrelevante respecto a lo que él era, hacía o pretendía; irrelevante como debe de haberlo sido respecto a lo que el esclavo era, o quiso decir, el significado siniestro que adquirieron sus palabras, debido a los sucesos posteriores, en la historia romana. Pero cuando medito sobre la Pasión al leer la imagen de Platón acerca del Justo, o en la Resurrección al leer a Adonis o Bálder, esta situación se altera. Sí existe una conexión real entre lo que Platón y los creadores de mitos eran y querían decir y lo que yo creo que es la verdad. Yo conozco esa conexión, y ellos, no. Pero existe. No es una ocurrencia arbitraria que yo le imponga a los textos antiguos. Uno puede, sin caer en ningún absurdo, imaginarse a Platón o a los creadores de mitos, si hubieran sabido la verdad, diciendo: «Ya veo... Así que era esto de lo que en realidad estaba hablando. Claro. Eso es lo que de verdad querían decir mis palabras, y nunca lo supe». El encargado de los baños, aunque inocente, al oír el segundo significado que se otorga a sus palabras sin duda habría dicho: «Socorro, nunca quise decir eso. Nunca se me habría ocurrido. No tenía ni idea». Qué habría dicho Virgilio, de haber sabido la verdad, no tengo ni idea. (¿O hablaríamos más caritativamente, no de lo que Platón y Virgilio y los creadores de mitos «habrían dicho», sino de lo que dijeron? Porque podemos estar seguros de que ya conocen, y han dado la bienvenida a la verdad desde hace tiempo. «Muchos vendrán desde Oriente y Occidente a participar del reino»).

Por eso, mucho antes de que lleguemos a la Biblia o al Libro de los Salmos, existen buenas razones para no despreciar los segundos significados como si fueran basura. Keble dijo de los poetas paganos: «A esos bardos se les otorgaron pensamientos más allá de sus pensamientos». Pero echemos un vistazo a la Escritura en sí misma.

LAS ESCRITURAS

Si incluso las palabras paganas pueden encerrar un segundo significado, no de un modo accidental sino porque, en el sentido que he sugerido, tienen una especie de derecho a ello, hemos de esperar que las Escrituras hagan lo mismo con más trascendencia y más a menudo. Como cristianos, tenemos dos motivos para confiar en ello.

(I) Para nosotros, estos textos son «sagrados» o «inspirados», o, en palabras de san Pablo, «los oráculos de Dios». Pero esto se ha entendido de más de una forma, y yo debo intentar explicar cómo lo comprendo yo, al menos en lo que respecta al Antiguo Testamento. He sido sospechoso de ser lo que habitualmente se considera un fundamentalista. Y ello se debe a que nunca dejo de considerar una narración como histórica por el hecho de que incluya algo milagroso. Hay gente que encuentra los milagros tan difíciles de creer que no se puede imaginar ninguna razón para que yo los acepte, a no ser mi convicción previa de que cada frase del Antiguo Testamento encierra una verdad histórica o científica. Pero no es algo que yo mantenga más de lo que lo hizo san Jerónimo cuando dijo que Moisés describió la Creación «con los modos de un poeta popular» (de forma mítica, como diríamos nosotros) o de lo que lo hizo Calvino cuando dudaba si la historia de Job era real o ficticia. La verdadera razón por la que yo puedo aceptar como histórica una narración en la que ocurre un milagro es que nunca he encontrado ninguna base filosófica a esa proposición negativa universal de que los milagros no existen. Tengo que decidir sobre otros criterios (si lo decido) si una narración determinada es histórica o no. El libro de Job no me resulta una fuente histórica fiable porque comienza hablando de un hombre que no guarda conexión con la historia, ni siquiera con la leyenda, sin genealogía, que vive en un país en el que la Biblia apenas tenía nada que decir; y porque, de hecho, el autor escribe de forma evidente como un contador de historias y no como un cronista.

Por eso no tengo dificultad ninguna en aceptar, digamos, el punto de vista de aquellos eruditos que nos dicen que la explicación de la Creación que se lee en el Génesis se deriva de las primeras historias semíticas, que eran paganas y mitológicas. Por supuesto, debemos tener bien claro lo que significa «derivarse de». Las narraciones no se reproducen como los ratones, que dan lugar a ejemplares iguales. Son contadas por los hombres. Cada persona que la cuenta puede repetir exactamente lo que su predecesor le haya dicho o puede cambiarlo. Y esto puede hacerlo sin saberlo o voluntariamente. Si lo hace deliberadamente, su invención, su sentido de la forma, su ética, su idea de lo que está bien, o es edificante, o simplemente interesante, entran en la historia. Si lo hace sin darse cuenta, será entonces su inconsciente (que es tan responsable de nuestros olvidos) quien haya estado trabajando. Por eso, en cada paso de lo que suele llamarse —algo desafortunadamente— la «evolución» de una historia, está involucrado un hombre, todo lo que es y todas sus actitudes. Y no se puede hacer nada bien en ningún sitio sin ayuda del Padre de las Luces. Si una serie de repeticiones como esta convierte una historia sobre la creación sin apenas significación religiosa o metafísica en una historia que logra la idea de la verdadera Creación y de un Creador trascendente (como hace Génesis), entonces nada podrá hacerme creer que a algunos de los narradores no los haya guiado Dios.

Por esta razón, algo que originalmente era tan solo natural —el tipo de mito que podemos encontrar en la mayoría de las naciones— habrá sido alzado por Dios sobre sí mismo, cualificado por Él y dispuesto por Él para servir a propósitos que por sí mismo no habría logrado. Por ello, generalizando, asumo que el Antiguo Testamento entero está compuesto del mismo tipo de material que cualquier otra literatura —crónica (parte de ella, obviamente, precisa), poemas, diatribas políticas y morales, novelas, y tantas más—; pero todas al servicio de la palabra de Dios. No todas, supongo, de la misma forma. Existen profetas que escriben con la conciencia clara de que la compulsión divina está sobre ellos. Existen cronistas cuya intención puede haber sido simplemente la de dejar constancia. Hay poetas como los del Cantar de los Cantares que probablemente nunca soñaron con más objetivo para lo que componían que el secular y natural. Existe (y no es menos importante) la tarea, primero, de la iglesia judía y, luego, de la cristiana de preservar y canonizar estos libros. Está el trabajo de los redactores y editores que los modifican. Sobre todos ellos yo supongo una presión Divina, de la que en absoluto han sido todos conscientes.

Las cualidades humanas de las materias primas acaban saliendo a la luz. La ingenuidad, el error, la contradicción, incluso (como en los salmos que maldicen) la locura, permanecen. El resultado total no es «la palabra de Dios» en el sentido de que cada pasaje, por sí mismo, aporte ciencia o historia en un sentido impecable. Transmite la palabra de Dios; y nosotros (bajo la gracia, atendiendo a la tradición y a intérpretes más sabios que nosotros, y usando la inteligencia y el conocimiento que poseamos) recibimos esa palabra no al usarla como una enciclopedia o una encíclica, sino al sumergirnos en su tono o carácter, con lo que captamos así su mensaje global.

Para una mente humana, este desarrollo (en un sentido imperfecto), esta sublimación (incompleta) de material humano parece, sin duda, un vehículo descuidado y deficiente. Podríamos haber esperado, puede pensarse que habríamos preferido, una luz no refractada que nos diera la verdad última de un modo sistemático: algo que pudiéramos haber ordenado, memorizado y en lo que pudiéramos confiar, como las tablas de multiplicar. Uno puede respetar, y por momentos envidiar, tanto el punto de vista fundamentalista de la Biblia como el punto de vista católico de la Iglesia. Pero existe un argumento que deberíamos tener en cuenta y usarlo en cualquiera de esas posiciones: Dios debe de haber hecho lo mejor; si esto es lo mejor, será lo que Dios haya hecho. Como somos mortales y no sabemos qué es lo mejor para nosotros, es peligroso prescribir lo que habrá hecho Dios: especialmente cuando no podemos comprobar, de ninguna manera, que es Él quien lo ha hecho.

Podemos observar que las enseñanzas de nuestro Señor, en las que no hay imperfecciones, no se nos dan de una forma ya preparada de antemano, a prueba de tontos y sistemática, como podríamos haber esperado o deseado. Él no escribió ningún libro. Tan solo hemos recibido dichos, la mayoría de los cuales se profirió para responder a preguntas, y a los que dio forma su contexto. Y aunque los hayamos recogido todos, no podemos reducirlos a un sistema. Él predica, pero no nos alecciona. Usa paradojas, proverbios, exageraciones, parábolas, ironías; incluso (y no pretendo ser irreverente) «bromas». Pronuncia máximas que, como los proverbios populares, si se toman al pie de la letra, pueden parecernos contradictorias entre sí. Por eso sus enseñanzas no pueden ser captadas tan solo por el intelecto, no pueden ser «aprendidas» como si estuviéramos ante una «materia». Si tratamos de hacer eso, encontraremos en Él al más esquivo de los profesores. Apenas nos dará nunca una respuesta directa a una pregunta directa. No será, en el sentido que deseamos, «preciso». Intentarlo sería (una vez más, no pretendo ser irreverente) como intentar embotellar rayos de sol.

En un nivel menor, encontramos una dificultad similar en san Pablo. No puedo ser el único lector que se haya preguntado por qué Dios, habiéndole dado tantas virtudes, no le otorgó algo que en principio nos parece tan necesario para los primeros teólogos cristianos: la lucidez y la capacidad para exponer algo ordenadamente.

Por eso, a tres niveles, de forma gradual, encontramos el mismo rechazo en aquello que habríamos imaginado mejor para nosotros: en la palabra en sí misma, en el apóstol de los gentiles, en las Escrituras de forma general. Como esto es lo que ha hecho Dios, debemos concluir que es bueno. Puede ser que aquello que nos hubiera gustado habría sido fatal para nosotros si se nos hubiera dado por sentado. Tal vez sea indispensable que las enseñanzas de nuestro Señor, mediante esa dificultad para ser comprendidas (para nuestra inteligencia sistematizadora), estén reclamando una respuesta del hombre como un todo, y dejando muy claro que no se trata aquí de aprender una asignatura, sino de sumirnos en una Personalidad, de adquirir una perspectiva y un temperamento nuevos, de respirar una nueva atmósfera, de sufrirle, a su manera, de reconstruir en nosotros la desfigurada imagen que tenemos de Él. Y ocurre lo mismo con san Pablo. Quizá el tipo de libros que yo le pediría haber escrito habría sido inútil. Lo hermético, la apariencia de inconsecuencia e incluso de sofismos, la turbulenta mezcla de detalles insignificantes, quejas personales, consejos prácticos y éxtasis líricos por fin dejó paso a lo que importa más que las ideas —una vida cristiana en funcionamiento—, o mejor dicho, al propio Cristo rigiendo la vida de un hombre. Y, de la misma forma, el valor del Antiguo Testamento puede depender de lo que nos parecen imperfecciones. Puede repelernos en el sentido de que podemos vernos forzados a usarlo de otra forma: a encontrar en él la Palabra, no sin una lectura repetida y ociosa ni sin discriminaciones hechas por nuestra consciencia y nuestras facultades críticas, a revivir, al leer, toda la experiencia judía de la revelación de Dios, gradual y por fases, que nos brindó Él mismo para que notemos las diferencias entre la Palabra y el material humano a través del cual funciona. Porque aquí, de nuevo, es nuestra reacción total la que ha de ser provocada.

En verdad me parece que al haber tenido que llegar a la verdadera voz de Dios en los salmos que usan maldiciones a través de todas las horribles distorsiones de los medios humanos, he ganado algo que no habría conseguido de una exposición impecable y ética. Las sombras me han indicado (al menos emocionalmente) algo más acerca de la luz. Aunque también es verdad que yo (ahora) no le habría ahorrado voluntariamente a mi Biblia algo tan antirreligioso en sí mismo como el nihilismo de Eclesiastés. En él vemos una imagen clara, fría, de la vida del hombre sin Dios. Esa afirmación es en sí misma parte de la Palabra de Dios. Es necesario que la hayamos oído. Incluso si entre todos los libros de la Biblia solo hubiéramos asimilado Eclesiastés, sería un avance hacia la verdad que la mayoría de los hombres no consigue.

Admito que estas conjeturas de por qué Dios hace lo que hace probablemente no tengan más valor que las ideas que tiene mi perro de qué voy a hacer yo cuando me siento a leer. Pero si bien solo podemos intentar adivinar las razones, al menos sí podemos observar la consistencia de su modo de actuar. Leemos en Génesis (2:7) que Dios creó al hombre del barro y le insufló vida con su aliento. Por lo que su primer redactor sabía del tema, este pasaje podría tan solo ilustrar la supervivencia, incluso en una historia verdaderamente creacional, de la incapacidad pagana para concebir la verdadera creación, la tendencia salvaje y pictórica a imaginar que Dios creaba la cosas «a partir de» algo como lo hace un alfarero o un carpintero. Sin embargo, ya se deba a un accidente afortunado o (como yo creo) a la guía de Dios, encarna un principio profundo. Porque, sea cual sea el punto de vista, el hombre está hasta cierto punto hecho «de» otras cosas. Es un animal; pero un animal llamado a ser, o educad para ser, o (si se prefiere) destinado a ser, algo más que un animal. Desde la perspectiva biológica ordinaria (las dificultades que me plantea la evolución no son religiosas), uno de los primates resulta alterado y llega a convertirse en hombre pero sigue siendo un primate y un animal. Se introduce en una nueva vida sin que renuncie a la antigua. Del mismo modo, toda vida orgánica adopta y usa procesos meramente químicos. Pero podemos analizar el principio tanto en su sentido más elevado como en el más básico. Porque se nos enseña que la propia encarnación se produce «no por la conversión de la divinidad en carne, sino por el acercamiento de la humanidad a Dios»; con ello, la vida humana se convierte en el vehículo de la vida divina. Que las Escrituras actúen no mediante la conversión de la palabra de Dios en literatura, sino por la aceptación de una literatura como vehículo de la palabra de Dios, no es algo anómalo.

Por supuesto, en casi todos los niveles, ese método nos resulta precario o, como he dicho antes, deficiente. Ninguno de estos ascensos de categoría es evidente, como tal vez habríamos deseado. Porque el grado más básico de la naturaleza, al ser ascendida, al serle encomendada una nueva carga y al avanzar hacia nuevos privilegios, permanece, no es aniquilado: siempre será posible ignorar ese ascenso de categoría y no ver más que el grado básico. Por eso los hombres podemos leer la vida de nuestro Señor (que es una vida humana) como si no se tratara más que de una vida humana. Muchas, quizá la mayoría, de las filosofías modernas entienden la vida humana como una mera vida animal, si bien de una inusual complejidad. Los cartesianos ven la vida animal como un mecanismo. Del mismo modo, las Escrituras podrían leerse como mera literatura humana. Ningún descubrimiento nuevo, ningún método nuevo va a dar nunca una victoria final a alguna de las interpretaciones. Porque, en todos estos niveles, no se requiere un mero conocimiento, sino una verdadera perspicacia: un enfoque correcto. Aquellos que en todos estos ejemplos no vean más que el nivel básico seguirán siendo convincentes. A alguien que argumentara que un poema no es sino una serie de mancha negras sobre un papel blanco no se le podría rebatir si se dirigiera a una audiencia analfabeta. Puede mirarse a través de un microscopio, analizarse la tinta y el papel, estudiarlo (en este sentido) todo lo que se quiera; nunca se encontrará nada a partir de dichos productos analizados que nos permita decir: «Esto es un poema». Los que sepan leer, sin embargo, se empeñarán en decir que el poema existe.

Si, por tanto, el Antiguo Testamento es una literatura «adaptada», convertida en el vehículo de lo que es más que humano, apenas podremos ponerle límites al peso o la multiplicidad de significados que han podido aplicársele. Si un escritor cualquiera puede haber dicho más de lo que crees y más de lo que quiso decir, con más razón les habrá ocurrido lo mismo a estos autores. Y no por casualidad.

(II) La segunda razón para aceptar el Antiguo Testamento en este sentido puede expresarse de un modo más sencillo y es, por supuesto, mucho más compulsivo. En principio, estamos obligados a ello por nuestro Señor. En el famoso camino a Emaús, Él reprochó a los dos discípulos que no creyeran lo que los profetas habían dicho. Deberían haber sabido por sus Biblias que el Ungido, cuando viniera, alcanzaría la gloria a través del sufrimiento. Después les explicó, a partir de «Moisés» (es decir, del Pentateuco), todos los pasajes del Antiguo Testamento que se referían a Él (Lc 24:25-27). Y se identificó a sí mismo claramente con una figura mencionada con frecuencia en las Escrituras; y se apropió de muchos pasajes en los que un estudioso moderno no veía tales referencias. Y obviamente estaba haciendo lo mismo al predecir su propia Pasión a sus discípulos. Él aceptó —de hecho, afirmó ser— el segundo significado de las Escrituras.

No sabemos —o al menos yo no lo sé— cuáles fueron estos pasajes. Pero sí podemos estar seguros de adivinar uno de ellos. El eunuco etíope al que conoció Felipe (Hch 8:27-38) estaba leyendo el relatado en Isaías 53. No sabía si en aquel pasaje el poeta estaba hablando de sí mismo o de otra persona. Felipe, para responder a su pregunta, «le anunció el evangelio de Jesús». La respuesta, efectivamente, era que «Isaías estaba hablando de Jesús». No deberíamos tener ninguna duda de que la fuente que guio a Felipe en esta interpretación fue nuestro Señor. (Nuestros antepasados habrían pensado que Isaías previó conscientemente los sufrimientos de Cristo del mismo modo que la gente ve el futuro en el tipo de sueños a los que se refería el señor Dunne.[1] Los estudiosos modernos dirían que, en un nivel consciente, se estaba refiriendo al propio Israel, a la personificación de toda la nación. En mi opinión, no importa qué punto de vista adoptemos). Una vez más, podemos estar seguros, gracias a las palabras de la cruz (Mr 15:34), de que nuestro

---

1. John William Dunne (1874-1949), filósofo irlandés. [*N. del t.*].

Señor se identificó con el sufridor del salmo 22. O cuando preguntó (Mr 12:35-37) cómo era posible que Cristo fuera al mismo tiempo el hijo de David y su señor, identificó claramente a Cristo, es decir, a sí mismo, con ese «mi Señor» del salmo 110, insinuando el misterio de la encarnación y señalando así una dificultad que solo Él podría resolver. En Mateo 4:6 las palabras de Salmos 91:11-12: «Pues a sus ángeles dará orden [...] para que no tropiece tu pie en piedra» se le aplican a Él, y podemos estar seguros de que fue Él mismo quien así lo dispuso, ya que solo Él pudo haber originado la historia de la tentación. En Marcos 12:10 se apropia implícitamente de las palabras de Salmos 118:22 acerca de la piedra que los arquitectos rechazaban. «Porque no dejarás mi alma en el Seol, ni permitirás que tu santo vea corrupción» (16:10) se trata como una profecía de su resurrección en Hechos 2:27, y así mismo lo debió de asumir Él, pues así lo vemos asumido en los primeros cristianos: es decir, la gente que con toda probabilidad se encontraba más cercana tanto al espíritu como a la letra de sus palabras que ninguna erudición (no diría que «ninguna santidad») aportada por alguien moderno. Aunque quizá sea aquí una tontería hablar de espíritu y letra. Apenas hay «letra» en las palabras de Jesús. Si se atiende a su literalidad, Él siempre será el más escurridizo de los profesores. Los sistemas no sirven con una iluminación tan fulgurante. Ninguna red menos abierta que el corazón del hombre ni menos fina que el amor podrá nunca sujetar el Pescado sagrado.

SEGUNDOS SIGNIFICADOS
EN LOS SALMOS

En cierto sentido la interpretación que hace nuestro Señor del Libro de los Salmos era un elemento común entre Él y sus oponentes. La cuestión a la que nos referíamos hace un momento, cómo David puede llamar a Cristo «mi Señor» (Mr 12:35-37), no tendría ningún sentido salvo que se hubiera dirigido a aquellos que daban por sentado que el «mi Señor» al que alude el salmo 110 era el Mesías, el majestuoso y ungido libertador que sometería al mundo en nombre de Israel. Este método era aceptado por todos. Las Escrituras tenían todas un segundo significado o un «sentido espiritual». Incluso un gentil temeroso de Dios[1] como el eunuco etíope (Hch 8:27-38) sabía que los libros sagrados de Israel no podían entenderse sin un guía, enseñado en la tradición judía, que explicara los significados ocultos. Probablemente todo judío instruido del primer siglo viera referencias al Mesías

---

1. Los «temerosos de Dios» (*sebomenoi* o *metuentes*) eran una clase reconocida dentro de los gentiles que rendían culto a Yahvé sin someterse a la circuncisión y al resto de ritos obligatorios de la ley. Véase Salmos 118 (v. 2, Laicos judíos; v. 3, Sacerdotes judíos; v. 4, Fieles temerosos de Dios) y Hechos 10:2.

en la mayoría de los pasajes en los que las veía nuestro Señor; lo que provocaba controversia era su identificación del Rey Mesiánico con otra figura del Antiguo Testamento y al tiempo consigo mismo.

En los salmos encontramos dos figuras, la del sufridor y la del rey conquistador y libertador. En los salmos 13, 28, 55 o 102, encontramos al sufridor; en el 2 o el 72, al Rey. En mi opinión, el sufridor se identificaba en esa época con (y quizá haya sido originalmente deseado como) la nación entera, el propio Israel, al que se habría aludido como persona. El rey era el sucesor de David, el Mesías venidero. Nuestro Señor se identificaba al tiempo con los tres.

En principio, entonces, el modo alegórico de leer los salmos puede reclamar la más alta autoridad posible. Pero, por supuesto, esto no significa que sus innumerables aplicaciones sean fructíferas, legítimas o siquiera racionales. Lo que vemos cuando creemos que estamos observando las profundidades de las Escrituras en ocasiones puede ser tal vez tan solo el reflejo de nuestras caras de tonto. Muchas interpretaciones alegóricas que en otras épocas fueron populares a mí me parecen, y quizá a la mayoría de los críticos modernos, forzadas, arbitrarias y ridículas. Podemos estar seguros de que algunas lo son; pero no deberíamos estar tan convencidos de que sepamos cuáles. Lo que en un periodo parece forzado —un mero triunfo de perversa ingenuidad— resulta plano y evidente en otro, de forma que nuestros antepasados se preguntarían con frecuencia cómo podíamos no advertir aquello que nos preguntamos, cómo pudieron haber sido ellos tan listos o tan tontos para adivinar. Y entre épocas distintas no hay juez imparcial sobre la tierra, porque nadie se encuentra al margen del proceso histórico; y, por supuesto, nadie se encuentra tan esclavizado a él como aquellos que entienden nuestro tiempo no como un periodo más, sino como una plataforma permanente y final desde la que observar el resto de épocas con completa objetividad.

Las interpretaciones que ya estaban establecidas en la época del Nuevo Testamento tienen, como es natural, derecho a reclamar nuestra atención. En el devocionario anglicano vemos que el salmo 110[2] es uno de los señalados como lectura para el día de Navidad. Puede que al principio esto nos sorprenda un poco, pues no hay en él nada que tenga que ver con la paz o la buena voluntad, nada relacionado, ni remotamente, con el portal de Belén. Originalmente parece haber sido bien una oda para la coronación de un nuevo rey, en la que se prometen conquistas e imperios, bien un poema dirigido a un rey que se encontrara en vísperas de una batalla, y en el que se anticiparía la futura victoria. Está lleno de amenazas. El «cetro» que simboliza el poder del rey saldrá desde Jerusalén, reyes extranjeros caerán heridos, los campos de batalla quedarán cubiertos de cadáveres, se partirán cráneos. Su mensaje no es «paz y buena voluntad», sino «cuidado. Él ya está en camino». Dos aspectos lo relacionan con Cristo con una autoridad muy superior

---

2. Véase Apéndice I.

a la del devocionario. La primera (y ya mencionada), claro, es que Él mismo hizo eso: Él es el «señor» a quien «David» llamó «mi Señor». La segunda es la referencia a Melquisedec (v. 4). La identificación de este personaje tan misterioso como un símbolo o una profecía de Cristo se hace en Hebreos 7. La forma exacta de ese comentario, realizado en Génesis 14, nos resulta sin duda extraña, pero creo que su esencia se retiene en nuestra expresión. Es cierto que no deberíamos argumentar, partiendo de la incapacidad del Génesis para precisar la genealogía o siquiera los padres de Melquisedec, que no tuvo ni principio ni fin (ya que de Job tampoco conocemos la genealogía); pero sí deberíamos ser vívidamente conscientes de que su aparición, no relacionada con nada y sin explicación, le distingue de una forma extraña en el tipo de narración que le rodea. No viene de ningún lugar, bendice en el nombre «del Dios Altísimo, creador de los cielos y de la tierra» y desaparece completamente. Esto le da la apariencia de pertenecer, si no al Otro Mundo, a algún tipo de otro mundo; uno distinto del de la historia de Abraham. Él asume sin cuestionárselo, como bien ve el autor de Hebreos, una superioridad sobre Abraham que este acepta. Él es augusto, una figura «numinosa». Qué habría dicho el narrador, o quien escuchara y adaptara la historia, de Génesis si le hubiéramos preguntado por qué introdujo este episodio o de dónde lo sacó, lo ignoro. Creo, como he explicado, que sobre estas narraciones y posteriores versiones yacía una presión divina. Y un efecto que iba a tener el episodio de Melquisedec queda bastante claro. Introduce, con una imponencia inolvidable, la idea de un sacerdocio, no pagano sino hacia un solo Dios, mucho antes de la existencia del sacerdocio judío, descendiente de Aarón, independiente de la llamada de Abraham y de alguna forma superior a la vocación de este. Y este sacerdocio antiguo, prejudaico, está unido con la realeza; Melquisedec es un sacerdote-rey. En algunas comunidades esta figura era normal, pero no así en Israel. Por eso es un hecho que Melquisedec recuerda —a su peculiar manera es el único personaje del Antiguo Testamento que lo hace— al mismo Cristo. Porque Él, como Melquisedec, afirma ser un sacerdote, si bien no perteneciente a la familia sacerdotal, y un rey. Melquisedec apunta realmente a Él; como también lo hace el héroe del salmo 110, que es un rey pero que también posee una especie de sacerdocio.

Para un judío convertido al cristianismo esto era extremadamente importante y eliminaba una dificultad. Se le ha hecho ver cómo Cristo es el sucesor de David; sería imposible demostrar, en el mismo sentido, que era sucesor de Aarón. De ahí que la idea de su sacerdocio implicara el reconocimiento de un sacerdocio independiente y superior al de Aarón. Melquisedec estaba allí para otorgar a esta concepción la sanción de las Escrituras. Para nosotros, cristianos gentiles, el camino es más bien el inverso. Es más probable que partamos del personaje de Cristo, sacerdotal, expiatorio e intercesor para llegar a la figura del rey y conquistador. El salmo 110, al igual que otros tres salmos de Navidad, corrige esta situación. En el 45 nos encontramos de nuevo con un tono casi amenazante: «Ciñe tu espada sobre tu costado, caballero victorioso [...]. Y tu diestra te enseñará a realizar proezas [...]. Agudas son tus saetas» (vv. 3-5). En el 89, vemos las promesas a David (que comprenderían, sin duda, a todos o a cualquiera de los sucesores de este, del mismo modo que «Jacob» puede englobar a todos sus descendientes). Caerán sus enemigos ante él (v. 23). «David» llamará a Dios «Padre» y Dios dice «le nombraré mi primogénito» (vv. 26-27), es decir, «será el mayor de mis hijos», mi heredero, aquel al que le daré el mundo entero. En el 132 encontramos a «David» de nuevo: «A sus enemigos vestiré de confusión, mas sobre él florecerá su corona» (v. 18). Todo esto enfatiza un aspecto de la Natividad al que nuestro posterior sentimiento acerca de la Navidad (excelente en sí mismo) no hace en absoluto justicia. Para aquellos que primero leen estos salmos como poemas sobre el nacimiento de Cristo, dicho acontecimiento significó algo muy militante; el héroe, el «juez», o paladín, o matagigantes, que iba a luchar y vencer a la muerte, al infierno y a los demonios, había llegado por fin, y las pruebas sugieren que nuestro Señor también se veía a sí mismo en estos términos. (El poema de Milton sobre la Natividad recoge bien este lado de la Navidad).

La asignación del salmo 68 a Pentecostés se debe a varias razones obvias, incluso en una primera lectura.

Sin duda, el versículo 8: «La tierra tembló; también destilaron los cielos ante la presencia de Dios» representaba para su autor original una referencia a los milagros mencionados en el Éxodo y anuncia, por tanto, ese otro descenso de Dios, tan distinto, que llegó en forma de lenguas de fuego. El versículo 11 es un bello ejemplo del modo en que los antiguos textos, casi inevitablemente, se cargan con el peso de nuevos significados. La versión del devocionario dice: «El Señor dio la palabra, inmensa es su legión de predicadores». La «palabra» sería la orden de batalla, y sus «predicadores» (en un sentido muy macabro), los triunfantes guerreros judíos. Pero esa traducción parece estar equivocada. Lo que de verdad quiere decir el versículo es que existían muchos para expandir la «palabra» (es decir, la noticia) de la victoria. Esto también se adaptaría bien a Pentecostés. Pero, en mi opinión, la auténtica fuente del Nuevo Testamento en la que podemos basamos para asignar este salmo a Pentecostés aparece en el versículo 18 (según el devocionario: «Asciendes a lo alto, llevando prisioneros, tomas hombres en tributo»). Según los estudiosos, el texto hebreo hace aquí referencia a que Dios, con los ejércitos de Israel como sus agentes, ha tomado enormes cantidades de prisioneros y recibido «dones» (como botín o como tributo) de los hombres. San Pablo, sin embargo (Ef 4:8), lo cita de un modo distinto: «Subiendo a lo alto, llevó cautiva la cautividad, y dio dones a los hombres». Este debe de ser el pasaje que primero asoció el salmo con la venida del

Espíritu Santo, porque san Pablo habla en él de los dones del espíritu (vv. 4-7) y remarca el hecho de que llegan después de la ascensión. Tras subir a los cielos, y como resultado de ello, Cristo regala estos dones a los hombres, o recibe estos dones (adviértase cómo la versión del devocionario sí puede comprenderse ahora) de su Padre «para los hombres», para que los hombres los usen, para que sean transmitidos a los hombres. Y esta relación entre la ascensión y la llegada del Espíritu Santo sigue la misma línea que las palabras de nuestro Señor: «Os conviene que yo me vaya; porque si no me fuese, el Consolador no vendría a vosotros» (Jn 16:7); como si el uno no fuera posible sin el otro, como si la ascensión, el abandono del espacio/tiempo en el que funcionan nuestros sentidos, del Dios encarnado, fuera la condición necesaria de la presencia de Dios de otro modo. En esto existe un misterio sobre el que ni siquiera intentaré pronunciarme.

Este salmo nos ha llevado a través de algunas complicaciones; aquellos en los que Cristo aparece como el sufridor son mucho más sencillos. Y es en ellos en los que el segundo significado es inevitable. Si Cristo «gustó la muerte por todos los hombres», y se convirtió en el sufridor arquetípico, entonces las expresiones de todos los que han sufrido en el mundo están, dada la verdadera naturaleza de las cosas, en relación con Él. Aquí (hablando en términos ridículamente humanos) notamos que no era necesaria una guía divina para otorgar a los antiguos textos su segundo significado, sino que más bien habría hecho falta un milagro para que este no trasluciera. En el salmo 22, el terrible poema que cita Cristo en su tortura final no es «Horadaron mis manos y mis pies» (v. 16), a pesar de lo sorprendente que pueda parecernos esta anticipación, que es lo que de verdad importa. Es la unión de la total privación con la total adherencia a Dios, a un Dios que no responde, simplemente debido a su esencia: «Pero tú eres santo» (v. 3). Todos los sufrimientos del justo se plasman aquí; pero en el 40:12 también lo hacen todos los sufrimientos del culpable: «Me han alcanzado mis maldades, y no puedo levantar la vista». Pero para nosotros esto es también la voz de Cristo, porque se nos ha enseñado que Él, que fue concebido sin pecado, se hizo pecado para salvarnos y probó la profundidad del peor sufrimiento que les llega a los malvados para que al fin conozcan su propio mal. Adviértase cómo esto, ya sea en su sentido literal u original, apenas guarda consistencia con los versículos 8 y 9 y qué contrapunto de verdad adopta esta aparente contradicción una vez que entendemos que el narrador es Cristo.

Insistir en estos salmos de sufrimiento sería seguir relatando lo obvio. Lo que a mí me llevó más tiempo comprender fue la plena riqueza de ese salmo de Navidad que mencionaba anteriormente, el salmo 45,[3] que nos muestra tantos aspectos de la Natividad que nunca podríamos extraer de los villancicos o siquiera de las canciones de góspel. Esto en su intención

3. Véase Apéndice I.

original era obviamente una oda a un galardonado o para una boda real. (Hoy en día nos sorprende que una obra tan oficial, realizada «por encargo» por un poeta de la corte para una ocasión especial, pueda ser buena poesía. Pero en aquella época en la que las artes gozaban de salud plena nadie habría comprendido nuestra sorpresa. Todos los grandes poetas, pintores y músicos de la antigüedad realizaban sus grandes obras «por encargo». Alguien que no actuara de esta forma habría resultado un farsante tan grande como un capitán que solo navegara o un granjero que solo labrara cuando le apeteciera). Ya solo como oda nupcial —lo que los griegos llamaban un *epithalamium*— es magnífica. Pero tiene mucho más valor en cuanto a la luz que arroja sobre el tema de la encarnación.

Pocas cosas me han parecido nunca más frías y exageradas que esas interpretaciones, ya sea de este salmo o del Cantar de los Cantares, que identifican al novio con Cristo y a la novia con la iglesia. De hecho, al leer la poesía francamente erótica de esta última obra y contrastarla con los edificantes mensajes principales de la Biblia, es fácil que acabemos sonriendo, incluso cínicamente, al sentir que los intérpretes píos están en realidad fingiendo una inocencia absurda. Yo sigo encontrando muy difícil creer que el sentido «espiritual» sea algo que los autores originales introdujeron de forma intencionada, siquiera remotamente. Pero (me imagino que) hoy en día no queda nadie que acepte que ese sentido espiritual o ese segundo significado niega, o habla, en contra del sentido llano originalmente pretendido por los redactores. El salmo sigue siendo un *epithalamium* rico y festivo, el Cantar sigue siendo un poema de amor bello, a veces exquisito, algo que no borra en absoluto la carga del nuevo significado. (El hombre sigue siendo un primate; un poema sigue siendo una serie de manchas negras sobre un papel en blanco). Y más tarde comencé a entender que ese nuevo significado no es arbitrario y que brota desde profundidades que yo no imaginaba. En primer lugar, el lenguaje de casi todos los místicos, aunque no pertenezcan a una tradición común, ya sean paganos, islámicos o cristianos, nos enfrenta a la evidencia de que la imagen del matrimonio, la unión sexual, no es profundamente natural, sino casi inevitable como un medio de expresar la deseada unión entre Dios y el ser humano. La propia palabra «unión» ya implica esta idea. En segundo lugar, la idea del dios como novio, la de su «sagrado matrimonio» con la diosa, es un tema y un rito recurrente en muchas formas de paganismo: paganismo no en su sentido más puro o iluminado, pero quizá sí en el más religioso, serio y convencido. Y si, como yo creo, Cristo, al trascender y, por tanto, abrogar también llena tanto el paganismo como el judaísmo, entonces podemos esperar que también cumpla plenamente con este aspecto. Esto, como todo lo demás, se «resume» en Él. En tercer lugar, la idea aparece, de un modo un poco diferente, dentro del judaísmo. Para los místicos, Dios es el novio del alma individual. Para los paganos, el dios lo es respecto a la diosa madre, la tierra, pero su unión con ella también fertiliza a toda la tribu y a su ganado, de forma que hasta cierto punto él es también el novio de todos los que forman dicho grupo. La concepción judaica se acerca más en ciertos aspectos a la pagana que a la de los místicos, ya que en ella la novia de Dios es la nación entera: Israel. Esta idea se desarrolla en uno de los capítulos más conmovedores y gráficos de todo el Antiguo Testamento (Ez 16). Finalmente, todo esto se transfiere del antiguo Israel al nuevo en el Apocalipsis, donde la novia empieza a ser la iglesia: «la bendita compañía de fieles». Es ella, al igual que la indigna boda retratada en Ezequiel, aquello que ha sido rescatado, lavado y vestido, aquello con lo que se ha casado Dios, en un matrimonio como el del rey Cophetua.[4] Por eso, la alegoría que en un principio nos parecía tan arbitraria —una ingenuidad de un comentarista mojigato empeñado en no ver más que una plana edificación del espíritu porque los textos eran poco prometedores— demostró, a medida que íbamos tirando del hilo, tener raíces en la historia completa de la religión, estar cargada de poesía y arrojar nuevas perspectivas. Rechazarla porque no resulta atractiva en nuestra época es provinciano, es la ceguera autocomplaciente de quien nunca sale de su casa.

Leído en este sentido, el salmo le devuelve a la Navidad su propia complejidad. El nacimiento de Cristo es la llegada del gran guerrero y gran rey.

---

4. Rey africano que, según la leyenda, nunca mostró interés en mujer alguna hasta que se enamoró de una joven mendiga. [N. del t.].

Pero también del amante, del novio, cuya belleza sobrepasa la del hombre. Pero el novio no es solo el amante, el deseado; también es el fértil, el padre de todos esos niños que aún deben ser engendrados y nacer. (Es verdad que la imagen de un niño en un pesebre no nos sugiere en absoluto a un rey, a un matagigantes, a un novio o a un padre. Pero tampoco nos sugeriría la palabra eterna si no lo supiéramos. Todos son aspectos de la misma paradoja). Entonces el poeta se vuelve hacia la novia con una exhortación: «Olvida tu pueblo, y la casa de tu padre» (v. 10). Esta frase tiene para nosotros un sentido plano y doloroso si leemos el salmo entendiéndolo como el poeta pretendió escribirlo. Uno piensa en la nostalgia del hogar, en una chica (probablemente casi una niña) llorando en secreto en un harén extraño, en todas las miserias que subyacen a cualquier matrimonio dinástico, en especial si es uno oriental. El poeta (que, obviamente, sabía todo esto; quizá incluso tuviera una hija él mismo) la consuela: «No te preocupes, has perdido a tus padres, pero, en su lugar, tendrás hijos, hijos que llegarán a ser grandes hombres». Pero todo esto también tiene su conmovedora relevancia al saberse que la novia es la iglesia. Una vocación es algo terrible. Ser trasladada de la naturaleza a la vida sobrenatural es, en un principio (o quizá no en un principio: el dolor de partir lo notará algo más tarde), un honor costoso. Incluso ser llevada de un nivel natural a otro representa tanta pérdida como ganancia. El hombre pasa por penas y dificultades mientras el resto de primates escapan a ellos. Pero ser elevado cuesta aún más. «Vete de tu tierra y de tu parentela, y de la casa de tu padre», le dijo Dios a Abraham (Gn 12:1). Es una orden terrible; vuélvele la espalda a todo aquello que conoces. La consolación (si es que la hay en ese momento) se parece mucho a lo que el salmista le ofrece a la novia: «Haré de ti una gran nación». Este «vuelve la espalda» lo repite, por supuesto, de forma terrible, podría pensarse que incluso agravada, nuestro Señor: «Él, que no tuvo padre ni madre ni vida propia». Habla, muy a menudo, de un modo proverbial, paradójico; no se impone odio (de forma fría), tan solo un rechazo, resuelto, aparentemente despiadado, de las peticiones naturales cuando, y en caso de que, se produzca esa terrible elección. (Incluso así, este texto es aprovechable, lo asumo, solo para aquellos que lo lean con horror. El hombre que encuentre fácil odiar a su padre, la mujer que deba luchar para no odiar a su madre, será mejor que se mantenga al margen de estas palabras). La consolación de la novia, en esta alegoría, consiste no (como harían los místicos) en los abrazos de la esposa, sino en su fertilidad. Si ella no alberga fruto en su vientre, si no es la madre de santos y santidad, podrá suponerse que el matrimonio fue una ilusión: porque «los abrazos de un dios nunca son en vano».

La elección del salmo 8[5] para el día de la Ascensión depende una vez más de una interpretación encontrada en el Nuevo Testamento. En su sentido literal,

---

5. Véase Apéndice I.

esta letra corta y exquisita es la simplicidad en sí misma: es la expresión de quien se maravilla ante el hombre y el lugar de este en la Naturaleza (existe un coro de Sófocles no muy distinto) y, por tanto, ante Dios, que fue quien lo dispuso. Dios es maravilloso, ya sea como paladín o «juez», ya sea como Creador. Cuando uno mira al cielo y observa esas estrellas que son su creación, resulta extraño que a Él debiera preocuparle algo como el hombre. A pesar de ello, aunque Él nos haya creado inferiores a los cuerpos celestes, aquí abajo en la tierra, nos ha concedido un extraordinario honor: nos ha hecho señores de todas las otras criaturas. Pero al redactor de Hebreos (2:6-9) esto le sugirió algo en lo que nosotros nunca habríamos pensado de nosotros mismos. El salmista dijo: «Todo lo pusiste bajo sus pies» (v. 6). El escritor cristiano observa que, en el estado actual del universo, esto no es estrictamente cierto. El hombre en ocasiones muere, y aún con más frecuencia es derrotado, por acción de las bestias, de plantas venenosas, de las inclemencias de tiempo, de los terremotos, etcétera. Por eso a nosotros nos parecería simplemente perverso o capcioso tomar una expresión poética como si fuera científica y universal. Podremos acercarnos más a este punto de vista si imaginamos que el comentarista no argumenta (como en mi opinión hace): «Como esto no es verdad en el presente y todas las Escrituras deben ser ciertas, la afirmación debe de referirse a un hecho futuro», sino más bien: «Esto es cierto en el sentido poético —y, por tanto, para un experto en Lógica, en su sentido más libre— que pretendía el poeta; pero ¿y si fuera más cierto de lo que él creía?». Esto nos llevaría, por una ruta mucho más sencilla para nuestros hábitos mentales, a lo que él entiende que es el verdadero significado, o tal vez debería decir un «significado superior»: el nuevo peso recibido por las palabras del poeta. Cristo ha ascendido a los cielos. Y a su debido momento todas las cosas, absolutamente todas, estarán sometidas a Él. Es Él quien, habiendo sido creado (durante un tiempo) «un poco menor que los ángeles», se convertirá en conquistador y soberano de todas las cosas, entre ellas, la muerte y el mecenas de la muerte: el demonio.

Para la mayoría de nosotros esto parecerá una alegoría excesivamente forzada. Pero en el fondo se trata de lo mismo que san Pablo tenía en la mente al escribir su Primera Carta a los Corintios 15:20-28. Esta, junto al pasaje en Hebreos, deja muy claro que la interpretación se estableció a los albores de la tradición cristiana. Quizá pueda incluso descender de nuestro Señor. Después de todo, no existía ninguna descripción de él con la que Dios disfrutara más que la del «Hijo el Hombre»; ya que, al igual que al decir «Hija de Babilonia» se refiere a Babilonia, con «Hijo del Hombre» se refiere al hombre, al hombre arquetípico, cuyo sufrimiento, resurrección y victorias todo hombre (a menos que rehúse) puede compartir.

Y, en mi opinión, es esto lo que hace falta recordarle a la mayoría de cristianos de la actualidad. Me da la impresión de que raras veces encuentro un sentido fuerte o exultante de la continua, de aquella que nunca debe abandonarse, humanidad de Cristo en gloria, en eternidad. Insistimos en la humanidad demasiado de manera exclusiva durante la Navidad, y en la deidad, tras la resurrección; como si Cristo se hiciera hombre una única vez y después volviera a ser Dios en otra. Pensamos en la resurrección y en la ascensión (correctamente) como los grandes actos de Dios; y pensamos en ello con menos frecuencia de lo que lo hacemos en el triunfo del hombre. La antigua interpretación del salmo 8, se llegara a ella como se llegara, es un correctivo alentador. Tampoco, considerándolo más, es que la analogía entre el lugar de la humanidad en el universo (su grandeza y su insignificancia, su humilde origen y —incluso en el nivel natural— su sorprendente destino) y la humillación y victorias de Cristo sea forzada ni exagerada. Al menos a mí no me lo parece. Como ya he indicado, me da la impresión de que es mayor que la analogía existente entre el ascenso de nivel del animal al hombre y el del hombre a Dios.

Pero una vez más me he metido a hablar de maravillas que me superan. Ya es hora de concluir con un pequeño comentario de cosas algo más simples.

Una es el aparente (y en ocasiones real) fariseísmo de los salmos: «Me has puesto a prueba, y nada inicuo hallaste» (17:3); «yo en mi integridad he andado» (26:1); «Guarda mi alma, porque soy piadoso» (86:2). Para mucha gente no arreglaría nada que dijéramos, como podríamos decir sin faltar a la verdad, que a veces se suponía que quien hablaba era Israel, no un individuo; e incluso, dentro de Israel, el vestigio fiel. Pero aun así, eso hace una diferencia; hasta cierto punto ese vestigio era sagrado e inocente en comparación con algunas de las culturas paganas que rodeaban a la judía. Con frecuencia era «un sufridor inocente» en el sentido de que no merecía lo que se le había causado, ni recibirlo a manos de quien se lo infligía. No obstante, había de llegar un sufridor que sí era realmente sagrado e inocente. El caso imaginario de Platón iba a hacerse real. Todas estas afirmaciones iban a volverse reales a través de su boca. Y una vez fueran ciertas, era necesario que se cumplieran. La lección de que la inocencia perfecta, la que no responde, la que está llena de perdón, puede llevar, dado como es el mundo, no al amor sino a las maldiciones de la turba y a la muerte, es esencial. Por eso en estos pasajes, cuando los lee un cristiano, nuestro Señor se convierte en quien habla; es lo que le corresponde: sería extraño que no fuera así. Porque Él negaba todo pecado en sí mismo. (Eso, por cierto, no es mal argumento para defender su deidad. Porque Él casi nunca ha dado, ni siquiera a los enemigos de la cristiandad, una imagen de arrogancia; muchos de ellos no parecen tan impresionados como podríamos esperar ante su afirmación de ser «manso y humilde de corazón». A pesar de ello, dijo cosas que, bajo cualquier hipótesis menos una, encerrarían la arrogancia de un paranoico. Es como si, incluso aunque la hipótesis se rechazara, parte de la realidad que implica su verdad «calara»).

Acerca de los salmos que usan las maldiciones, supongo que la mayoría de nosotros construye sus propias alegorías morales: siendo bien conscientes de que son personales y están en un nivel diferente de los elevados asuntos con los que he intentado tratar. Conocemos el verdadero objeto de la hostilidad absoluta: la maldad, especialmente la nuestra. Por eso, en el salmo 36, «La iniquidad del impío le dice al corazón», cada uno puede reflejar que su propio corazón es una muestra de la maldad que él mejor conozca. Después de eso, el salto hacia arriba del versículo 5 hacia la compasión celestial y la justicia sólida como las montañas, requiere aún más fuerza y belleza. Desde este punto de vista puedo usar incluso el horrible pasaje del salmo 137 en el que los babilonios mataban a los bebés a golpes contra las piedras. Conozco cosas en el mundo interior que son como esos bebés: los comienzos infantiles de las pequeñas indulgencias, los pequeños resentimientos, que pueden llegar a convertirse un día en dipsomanía o en un odio estable, pero que nos atraen y adulan con argucias que parecen tan diminutas, tan impotentes que, si nos resistiéramos a ellas, nos daría la impresión de estar siendo crueles con los animales. Empiezan a lloriquearnos: «No pido mucho, tan solo...», «Esperaba, al menos...», o «Te debes algo de consideración». En contra de todos estos pequeños (estos adorables tienen formas de ganarnos), el consejo del salmo es el mejor. Arráncales el cerebro a estos pequeños bastardos. Y «bendito» el que lo consiga, porque es más fácil decirlo que hacerlo.

En ocasiones, sin apuntar a la tradición, se impondrá un segundo significado al lector de forma irresistible. Cuando el poeta del salmo 84 dijo (v. 10): «Porque mejor es un día en tus atrios que mil fuera de ellos», sin duda quería decir que un día allí era mejor que mil en cualquier otro sitio. Encuentro imposible excluir, al leer esto, ese pensamiento que, hasta donde yo sé, no alcanza nunca el Antiguo Testamento. Sí está en el Nuevo, bellamente introducido no por cargar un nuevo peso sobre palabras antiguas, sino por añadírselo. En Salmos 90:4 se ha dicho que mil años eran para Dios como un único ayer; en 2 Pedro 3:8 —que no es el primer lugar del mundo donde uno habría buscado una teología tan metafísica— no solo leemos que mil años son como un día, sino también que «un día es como mil años». Creo que el salmista solo quería decir que Dios era eterno, que su vida era infinita en el tiempo. Pero la epístola nos saca de la relación espacio/tiempo. Del mismo modo que nada sobrevive a Dios, nada sucede antes que Él. Y ahí se logra la posterior concepción (posterior en el pensamiento cristiano, Platón ya la había alcanzado) de la eternidad como un presente eterno. Incluso después de ello, para algunos de nosotros, ese «único día» en los atrios de Dios que es mejor que mil debe conllevar un doble sentido. Puede que el Eterno se encuentre con nosotros en lo que es, según nuestras medidas actuales, un día, (con mayor probabilidad) un minuto o un segundo; pero hemos tocado algo que no es en absoluto conmensurable en cantidades de tiempo, ya sean largas o cortas. De ahí que nuestra esperanza finalmente emerja, si no del tiempo (lo que quizá no casaría con nuestra humanidad), sí al menos de la tiranía, la pobreza del tiempo, para dominarlo y no para ser dominada por él, y para, de esta forma, curar esa herida siempre lacerante («la herida para la que nació el hombre») que la mera sucesión y mutabilidad nos inflige casi de la misma forma cuando somos felices y cuando no. Porque estamos tan poco resignados al tiempo que incluso nos sorprende. «¡Pero cómo ha crecido!», decimos, «¡Cómo pasa el tiempo!», como si la forma universal de nuestra experiencia fuera una y otra vez una novedad. Es tan extraño como si a un pez le sorprendiera continuamente la humedad del agua. Y eso sí sería extraño; a menos, por supuesto, que el pez estuviera destinado a convertirse, un día, en un animal terrestre.

APÉNDICE I
SALMOS ESCOGIDOS

Salmo 8. *Domine, Dominus noster*

¡Oh Jehová, Señor nuestro,
Cuán glorioso es tu nombre en toda la tierra!
  Has puesto tu gloria sobre los cielos;
2 Por boca de los niños y de los que maman, afirmas
       tu fortaleza frente a tus adversarios,
  Para hacer callar al enemigo y al rebelde.

3 Cuando veo tus cielos, obra de tus dedos,
  La luna y las estrellas que tú formaste,
4 Digo: ¿Qué es el hombre, para que
      de él te acuerdes,
  Y el hijo del hombre, para que cuides de él?

5 Le has hecho un poco inferior a los ángeles,
  Y lo coronaste de gloria y de honra.
6 Le hiciste señorear sobre las obras de tus manos;
  Todo lo pusiste bajo sus pies:

⁷ Ovejas y bueyes, todo ello,
  Y aun las bestias salvajes,
⁸ Las aves de los cielos y los peces del mar;
  Todo cuanto surca las sendas de las aguas.

⁹ ¡Oh Jehová, Señor nuestro,
  Cuán grande es tu nombre en toda la tierra!

Salmo 19. *Coeli enarrant*

Los cielos cuentan la gloria de Dios,
  Y el firmamento anuncia la obra de sus manos.
² Un día comunica el mensaje a otro día,
  Y una noche a otra noche declara la noticia.
³ No es un lenguaje de palabras,
  Ni es oída su voz.
⁴ Pero por toda la tierra salió su pregón,
  Y hasta el extremo del mundo su lenguaje.

En ellos puso tabernáculo para el sol;
⁵ Y éste, como esposo que sale de su tálamo,

Se alegra cual atleta corriendo su carrera.
6 De un extremo de los cielos es su salida,
Y su órbita llega hasta el término de ellos;
Y nada hay que se esconda de su calor.

7 La ley de Jehová es perfecta, que
reconforta el alma;
El testimonio de Jehová es fiel, que
hace sabio al sencillo.
8 Los mandamientos de Jehová son rectos,
que alegran el corazón;
El precepto de Jehová es puro, que
alumbra los ojos.
9 El temor de Jehová es limpio, que
permanece para siempre;
Los preceptos de Jehová son verdad, todos justos.
10 Deseables son más que el oro, y más
que mucho oro afinado;
Y dulces más que la miel, y que el
destilar de los panales.
11 Tu siervo es además instruido con ellos;
En guardarlos hay gran galardón.
12 ¿Quién podrá descubrir sus propios errores?

Absuélveme de los que me son ocultos.
13 Preserva también a tu siervo de la insolencia;
Que no se enseñoree de mí;
Entonces seré irreprochable y quedaré
libre de grave delito.

14 Sean gratos los dichos de mi boca y la meditación
de mi corazón delante de ti,
Oh Jehová, roca mía, y redentor mío.

Salmo 36. *Dixit injustus*

La iniquidad del impío le dice al corazón:
No hay por qué temer a Dios ni en su presencia.
2 Porque se lisonjea, en sus propios ojos,
De que su iniquidad no será hallada y aborrecida.
3 Las palabras de su boca son iniquidad y fraude;
Ha renunciado a ser cuerdo y hacer el bien.
4 Maquina maldad sobre su cama;
Se obstina en un camino que no es bueno,
Y no aborrece el mal.

⁵ Jehová, hasta los cielos llega tu misericordia,
Y tu fidelidad alcanza hasta las nubes.
⁶ Tu justicia es como los montes de Dios,
Tus juicios, como el gran abismo.
Oh Jehová, a hombres y animales socorres.

⁷ ¡Cuán preciosa, oh Dios, es tu misericordia!
Por eso los hijos de los hombres se amparan
bajo la sombra de tus alas.
⁸ Serán completamente saciados de la
abundancia de tu casa,
Y tú los abrevarás del torrente de tus delicias.
⁹ Porque de ti brota el manantial de la vida;
En tu luz vemos la luz.
¹⁰ Prolonga tu misericordia en los que te conocen,
Y tu justicia en los rectos de corazón.
¹¹ Que el pie del orgullo no me alcance,
Ni la mano de los impíos me empuje.
¹² Ved cómo caen los hacedores de iniquidad;
Son derribados, y no podrán levantarse.

Salmo 45. *Eructavit cor meum*

Brota de mi corazón un bello canto;
    Voy a recitar al rey mi poema;
    Mi lengua es como pluma de
        escribiente muy ligero.

2 Eres el más hermoso de los hijos de los hombres;
    La gracia se derramó en tus labios;
    Por tanto, Dios te ha bendecido para siempre.
3 Ciñe tu espada sobre tu costado,
      caballero victorioso.
    En tu gloria marcha, cabalga,
4 Por la causa de la verdad, de la
        humildad y de la justicia,
    Y tu diestra te enseñará a realizar proezas.
5 Agudas son tus saetas,
    Con que caerán pueblos debajo de ti,
    Haciendo desmayar el corazón de
      los enemigos del rey.

6 Tu trono es el trono de Dios; es
      eterno y para siempre;
    Cetro de justicia es el cetro de tu reino.

7   Has amado la justicia y aborrecido la maldad;
Por tanto, te ungió Dios, el Dios tuyo,
Con óleo de alegría más que a tus compañeros.

8   Mirra, áloe y casia exhalan todos tus vestidos;
Desde palacios de marfil, las arpas te recrean.

9   Hijas de reyes están entre tus ilustres;
Está la reina a tu diestra con oro de Ofir.

10   Oye, hija, y mira, y pon atento oído;
Olvida tu pueblo, y la casa de tu padre;

11   Y se prendará el rey de tu hermosura;
E inclínate ante él, porque él es tu señor.

12   Las hijas de Tiro vendrán con presentes;
Implorarán tu favor los ricos del pueblo.

13   Toda gloriosa entra la hija del rey en su morada;
De brocado de oro es su vestido.

14   Con vestidos bordados es llevada al rey;
Vírgenes van en pos de ella,
Compañeras suyas serán traídas a ti.

15   Entre alborozo y regocijo avanzan,
Al entrar en el palacio del rey.

¹⁶ En lugar de tus padres serán tus hijos,
    A quienes harás príncipes sobre toda la tierra.
¹⁷ Haré perpetua la memoria de tu nombre
        en todas las generaciones,
    Por lo cual te alabarán los pueblos
        eternamente y para siempre.

Salmo 68. *Exurgat Deus.*

Levántese Dios, sean esparcidos sus enemigos,
    Y huyan de su presencia los que le aborrecen.
² Como se desvanece el humo, los barrerás;
    Como se derrite la cera delante del fuego,
    Así perecerán los impíos delante de Dios.
³ Mas los justos se alegrarán; se gozarán
        delante de Dios,
    Y saltarán de alegría.

⁴ Cantad a Dios, cantad salmos a su nombre;
    Exaltad al que cabalga sobre los cielos.
    JAH es su nombre; alegraos delante de él.

5 Padre de huérfanos y defensor de viudas
   Es Dios en su santa morada.
6 Dios hace habitar en familia a los desamparados;
   Saca a los cautivos a prosperidad,
   Mientras los rebeldes habitan en tierra calcinada.
7 Oh Dios, cuando tú saliste al frente de tu pueblo,
   Cuando anduviste por el desierto,

Selah

8 La tierra tembló;
   También destilaron los cielos ante
         la presencia de Dios;
   Aquel Sinay tembló delante de Dios,
         del Dios de Israel.
9 Abundante lluvia esparciste, oh Dios;
   A tu heredad exhausta tú la reanimaste.
10 Los que son de tu grey han morado en ella;
   Por tu bondad, oh Dios, has
         provisto para el pobre.

11 El Señor daba palabra;
   Había gran multitud de mujeres que
         transmitían las buenas nuevas.
12 Huyeron, huyeron reyes de ejércitos,

Y las que se quedaban en casa
    repartían los despojos.
13 Mientras reposabais entre los apriscos,
    Eran como alas de paloma cubiertas de plata,
    Y sus plumas con amarillez de oro.
14 Cuando esparció el Omnipotente los reyes allí,
    Fue como si hubiese nevado en el monte Salmón.

15 Monte de Dios es el monte de Basán;
    Monte alto el de Basán.
16 ¿Por qué estáis celosos, oh montes altos,
    Del monte que deseó Dios para su morada?
    Ciertamente Jehová habitará en él para siempre.

17 Los carros de Dios se cuentan por veintenas
    de millares; millares y millares.
    El Señor viene del Sinay a su santuario.
18 Subiste a lo alto, condujiste cautivos,
    Tomaste dones para los hombres,
    Y también para los que se resistían a que
    habitara entre ellos JAH Dios.

¹⁹ Bendito el Señor; cada día nos colma de beneficios
El Dios de nuestra salvación.

Selah

²⁰ Dios, nuestro Dios ha de salvarnos,
Y de Jehová el Señor es el librar de la muerte.

²¹ Ciertamente Dios herirá la cabeza
de sus enemigos,
La testa cabelluda del que camina en sus pecados.

²² El Señor dijo: De Basán te haré volver;
Te haré volver de las profundidades del mar;

²³ Porque tu pie se enrojecerá de sangre
de tus enemigos,
Y de ella la lengua de tus perros.

²⁴ Aparece tu cortejo, oh Dios;
El cortejo de mi Dios, de mi Rey,
hacia el santuario.

²⁵ Los cantores iban delante, los músicos detrás;
En medio las doncellas con panderos.

²⁶ Bendecid a Dios en las asambleas;
Al Señor, vosotros de la estirpe de Israel.

²⁷ Allí estaba el joven Benjamín, abriendo marcha,

Los príncipes de Judá con sus escuadras,
Los príncipes de Zabulón, los príncipes de Neftalí.

28 Manda, oh Dios, conforme a tu poder;
Confirma, oh Dios, lo que has hecho
en favor nuestro.
29 Por razón de tu templo en Jerusalén
Los reyes te ofrecerán dones.
30 Reprime la reunión de gentes armadas,
A la manada de toros, y a los becerros
de los pueblos,
Hasta que todos se sometan trayendo sus
tributos en piezas de plata;
Dispersa a los pueblos que se
complacen en la guerra,
31 Vendrán príncipes de Egipto;
Etiopía se apresurará a extender sus
manos hacia Dios.

32 Reinos de la tierra, cantad a Dios,
Cantad al Señor;

Selah

³³ Al que cabalga sobre los cielos de los cielos,
    que son desde la antigüedad;
He aquí dará su voz, poderosa voz.

³⁴ Reconoced el poder de Dios;
Sobre Israel es su magnificencia,
Y su poder está en los cielos.

³⁵ Temible eres, oh Dios, desde tu santuario;
El Dios de Israel, él da fuerza y vigor a su pueblo.

Bendito sea Dios.

Salmo 104. *Benedic, anima mea*

Bendice, alma mía, a Jehová.
Jehová Dios mío, mucho te has engrandecido;
Te has vestido de gloria y de majestad.

² El que se cubre de luz como de vestidura,
Que extiende los cielos como una cortina,

³ Que construye sus aposentos sobre las aguas,
El que pone las nubes por su carroza,
El que anda sobre las alas del viento;

⁴ El que hace a los vientos sus mensajeros,
Y a las llamas de fuego sus ministros.

⁵ Él fundó la tierra sobre sus cimientos;
No será jamás removida.

⁶ Con el abismo, como con vestido, la cubriste;
Sobre los montes estaban las aguas.

⁷ A tu reprensión huyeron;
Al sonido de tu trueno se apresuraron;

⁸ Subieron los montes, descendieron los valles,
Al lugar que tú les señalaste.

⁹ Les pusiste un límite que no traspasarán,
Ni volverán a cubrir la tierra.

¹⁰ Tú eres el que saca de las fuentes los arroyos;
Se deslizan entre los montes;

¹¹ Dan de beber a todas las bestias del campo;
Mitigan la sed de los asnos monteses.

¹² A sus orillas habitan las aves de los cielos;
Cantan entre las ramas.

¹³ Él riega los montes desde las alturas;
Del fruto de sus obras se sacia la tierra.

¹⁴ Él hace producir el heno para las bestias,
   Y las plantas para el uso del hombre,
   Para que saque el pan de la tierra,
¹⁵ Y el vino que alegra el corazón del hombre,
   El aceite que hace brillar el rostro,
   Y el pan que sustenta la vida del hombre.
¹⁶ Se llenan de savia los árboles de Jehová,
   Los cedros del Líbano que él plantó.
¹⁷ Allí anidan las aves;
   En su copa hace su casa la cigüeña.
¹⁸ Los riscos son para las cabras monteses;
   Las peñas, madrigueras para los conejos.
¹⁹ Hizo la luna para marcar los tiempos;
   El sol conoce su ocaso.
²⁰ Traes las tinieblas, y se hace de noche;
   En ella corretean todas las bestias de la selva.
²¹ Los leoncillos rugen tras la presa,
   Reclamando a Dios su comida.
²² Sale el sol, se recogen,
   Y se echan en sus guaridas.
²³ Sale el hombre a su labor,
   Y a su labranza hasta la tarde.

²⁴ ¡Cuán innumerables son tus obras, oh Jehová!
Hiciste todas ellas con sabiduría;
La tierra está llena de tus criaturas.
²⁵ He allí el grande y anchuroso mar,
En donde se mueven seres innumerables,
Seres pequeños y grandes.
²⁶ Lo surcan las naves,
Y ese leviatán que hiciste para que retozase en él.

²⁷ Todos ellos esperan en ti,
Para que les des su comida a su tiempo.
²⁸ Se la das, y la atrapan;
Abres tu mano, y se sacian de bien.
²⁹ Escondes tu rostro, y se espantan;
Les retiras el aliento, dejan de existir,
Y vuelven al polvo.
³⁰ Envías tu soplo, y son creados,
Y renuevas la faz de la tierra.

³¹ Sea la gloria de Jehová para siempre;
Alégrese Jehová en sus obras.
³² Él mira a la tierra, y ella tiembla;
Toca los montes, y humean.

³³ A Jehová cantaré durante toda mi vida;
A mi Dios cantaré salmos mientras exista.
³⁴ Que le sea agradable mi meditación;
Yo tengo mi gozo en Jehová.
³⁵ Sean barridos de la tierra los pecadores,
Y los impíos dejen de existir.
Bendice, alma mía, a Jehová.
Aleluya.

Salmo 110. *Dixit Dominus*

Jehová dijo a mi Señor:
Siéntate a mi diestra,
Hasta que ponga a tus enemigos por
estrado de tus pies.
² Jehová extenderá desde Sión el cetro de tu poder;
Domina en medio de tus enemigos.
³ Tu pueblo se te ofrecerá voluntariamente el día
en que guíes tus tropas vestidas de santos
arreos desde el despuntar del alba.
Has resplandecido con el rocío de tu juventud.

⁴ Juró Jehová, y no se arrepentirá:
Tú eres sacerdote para siempre
Según el orden de Melquisedec.

⁵ El Señor está a tu diestra;
Quebrantará a los reyes en el día de su ira.
⁶ Juzgará entre las naciones,
Las llenará de cadáveres;
Quebrantará las cabezas sobre un inmenso campo.
⁷ Del arroyo beberá en su camino,
Por lo cual levantará la cabeza.

APÉNDICE II
SALMOS COMENTADOS
O MENCIONADOS

1. Bienaventurado el varón (*Beatus vir*): p. 71.

2. ¿Por qué se amotinan las gentes...? (*Quare fremuerunt*): pp. 12, 138.

5. Escucha, oh Jehová, mis palabras (*Verba mea auribus*): p. 93

6. Jehová, no me reprendas (*Domine ne in furore*): p. 52

7. Jehová Dios mío (*Domine Deus Meus*): pp. 28, 29

8. Oh, Jehová, Señor nuestro (*Domine, Dominus noster*): pp. 158, 161

9. Te alabaré (*Confitebor tibi*): pp. 14, 59.

10. ¿Por qué estás lejos, oh Jehová? (*Ut quid Domine?*): pp. 18, 85

11. En Jehová he confiado (*In Domino confido*): pp. 69, 137

12. Salva, oh Jehová (*Salvum me fac*): p. 85

31. En ti, oh Jehová, he confiado (*In te, Domine, speravi*): pp. 75, 85.

33. Alegraos, oh justos (*Exultate, justi*): p. 95

35. Pleitea, oh Jehová (*Judica, Domine*): pp. 12, 20.

36. La iniquidad del impío le dice (*Dixit injustus*): pp. 70, 85, 92, 155.

37. No te impacientes (*Noli aemulari*): p. 4.

39. Yo me dije: Velaré (*Dixi, custodiam*): p. 44.

40. Pacientemente esperé (*Expectans expectavi*): p. 145.

41. Bienaventurado el que se preocupa (*Beatus qui intelligit*): p. 85.

42. Como el ciervo (*Quemadmodum*): p. 58.

43. Decide, Dios, sobre mí Júzgame, oh Dios (*Judica me, Deus*): p. 59.

45. Brota de mi corazón (*Eructavit cor meum*): pp. 142, 145.

47. Pueblos todos, batid palmas (*Omnes gentes, plaudite*): p. 59.

49. Oíd esto, pueblos todos (*Audite haec, omnes*): pp. 40, 44.

50. El Dios de dioses, Jehová (*Deus deorum*): pp. 19, 57, 58, 75, 104, 106, 112

52. ¿Por qué te jactas? (*Quid gloriaris?*): p. 85.

54. Oh Dios, sálvame por tu nombre (*Deus in nomine*): p. 104.

55. Escucha, oh, Dios, mi oración (*Exaudi Deus*): pp. 85, 138.

57. Ten misericordia de mí, oh Dios (*Miserere mei, Deus*): p. 59.

58. Oh poderosos, ¿pronunciáis en verdad justicia? (*Si vere utique*): p. 35.

63. Oh Dios, mi Dios eres tú (*Deus, Deus meus*): p. 58.

65. A ti es debida la alabanza (*Te decet hymnus*): pp. 58, 88, 95.

67. Dios tenga misericordia de nosotros (*Deus misereatur*): p. 11.

68. Levántese Dios (*Exurgat Deus*): pp. 14, 55, 142.

69. Sálvame, oh Dios (*Salvum me fac*): p. 24.

72. Oh Dios, da tu juicio al rey (*Deus judicium*): pp. 14, 138.

76. Dios es conocido en Judá (*Notus in Judaea*): p. 14.

81. Cantad con gozo a Dios (*Exultate Deo*): p. 59.

82. Dios se levanta (*Deus stetit*): p. 14.

84. ¡Cuán amables...! (*Quam dilecta!*): pp. 58, 156.

86. Inclina, oh Jehová, tu oído (*Inclina, Domine*): p. 153.

88. Oh Jehová, Dios de mi salvación (*Domine Deus*): pp. 44, 104.

89. Las misericordias de Jehová (*Misericordias Domini*): pp. 44, 142.

90. Señor, tú nos has sido por refugio (*Domine, refugium*): p. 156.

91. El que habita (*Qui habitat*): p. 136.

96. Cantad a Jehová (*Cantate Domino*): p. 11.

97. Jehová reina (*Dominus regnavit*): p. 59.

102. Jehová, escucha mi oración (*Domine exaudi*): pp. 85, 138.

104. Bendice, alma mía, a Jehová (*Benedic, anima mea*): pp. 89, 93, 95, 97.

106. Alabad a Jehová (*Confitemini Domino*): p. 42.

147. Alabad a JAH (*Laudate Dominum*): p. 97.

148. Alabad a Jehová (*Laudate Dominum*): p. 95.

150. Alabad a Dios (*Laudate Dominum*): p. 59.

ACERCA DEL AUTOR

Clive Staples Lewis (1898–1963) fue uno de los intelectuales más importantes del siglo veinte y podría decirse que fue el escritor cristiano más influyente de su tiempo.

Fue profesor particular de literatura inglesa y miembro de la junta de gobierno en la Universidad de Oxford hasta 1954, cuando fue nombrado profesor de literatura medieval y renacentista en la Universidad de Cambridge, cargo que desempeñó hasta que se jubiló. Sus contribuciones a la crítica literaria, literatura infantil, literatura fantástica y teología popular le trajeron fama y aclamación a nivel internacional.

C. S. Lewis escribió más de treinta libros, lo cual le permitió alcanzar una enorme audiencia, y sus obras aún atraen a miles de nuevos lectores cada año. Sus más distinguidas y populares obras incluyen *Las crónicas de Narnia*, *Los cuatro amores*, *Cartas del diablo a su sobrino* y *Mero cristianismo*.